엄마표 영어,
놀이가 답이다

집에서도 쉽게 따라할 수 있는 초등교사의 영어 교육법

엄마표 영어, 놀이가 답이다

이규도 지음

내 아이에게
엄마는 최고의 짝꿍

아이를 낳고 너무 힘들었다. 어릴 때부터 아기들의 귀여움에 열광하던 내가 산후 우울증을 겪으리라고는 상상도 못 했다. 아이를 낳으면 예쁜 옷도 입히고, 잡지에 나오는 것처럼 아기 방도 꾸며 주고, 매일 유모차를 끌고 산책도 하고…… 행복한 나날을 꿈꿨다. 그 어떤 일이 있어도 아이에게 화를 내거나 짜증 내지 않고, 차분하고 너그러운 엄마가 되리라 다짐했었다.

…….

하나도 할 수 없었다. 계획들은 한순간에 엉망이 되어 버렸다. 출산 후 내 팔은 흐물흐물 힘이 없는데 아기를 수시로 안았다 내려놓았다 해야 하니 죽을 맛이었다. 신생아 시절에는 아이 위주의 생활이다 보니 잠도 마음대로 잘 수 없었다. 먹는 것은 둘째 치더라도, 눈꺼풀이 내려앉기 직전인데도 아이가 울면 몸을 일으켜야 했다. 하루 중 어느 시간에도 바닥난 체력을 재충전할 여유는 없었다.

급기야 어떤 상황이 닥치지 않으면 거의 움직이지 않았다. 가만히 누워만 있었다. 그러다 보니 몸은 더 아픈 것 같고, 기분도 우울해졌다. 산후 우울증의 시작이었다. 나도 아기도 함께 땅속으로 꺼질 것만 같은 기분이었다.

하지만 이것도 오래가지 않았다. 아무리 산후 우울증을 앓고 있어도 엄마는 엄마였나 보다. 나보다 아기가 더 걱정되었다. 흔히 말하는 엄마와의 애착 관계 형성에 문제가 생기는 것은 아닌지, 내 우울한 마음이 아기에게도 영향을 미치는 것은 아닌지 순간 두려워졌.

갑자기 정신이 드는 듯했다. 나는 엄마다. 나 하나만 믿고 이 세상에 온 아이가 믿을 구석이라고는 나밖에 없다.

'안 되겠다!'는 생각이 들었고, 그날로 털고 일어났다.

임신 중에 아이에게 내가 줄 수 있는 세 가지 선물에 대해 생각한 적이 있다. 첫째는 행복과 긍정의 정서, 둘째는 좋은 습관, 셋째는 잊지 못할 좋은 추억. 이 선물들을 영어라는 포장지에 곱게 담아 주어야겠다고 결심했었다.

그렇다. 나는 영어 교사다. 처음 영어를 접했을 때 '어떻게 하면 영어를 잘할 수 있을까' 고민했고, 그 고민은 점점 '어떻게 하면 영어를 잘 가르칠 수 있을까'로 발전했다. 20년 가까이 영어에 대해 생각했을 정도로 영어는 내 평생 가장 오래돼 나의 친구이기 검기지에지 제일 재미있는 놀이였다. 그 재미있고 행복한 경험을 내 아이에게도 선물하고 싶었다. '영어 교육'에 대한 몇 가지 구체적인 계획도 세워 두었었다.

어느 날, 아이를 재우고 인터넷 검색을 하다가 눈길을 끄는 게시물을 보았다. "현직 영어 선생님들은 집에서 어떻게 영어 교육을 하고 계신지 궁금해요"라는 글이었다. 조회수는 매우 높았지만 참고할 만한 답변은 거의 없었다. 나도 궁금했다. 현직 영어 교사지만 당시 아이가 태어난 지 얼마 되지 않아 본격적인 '교육'을 시작하기 전이었다. 이 글을 보고 나는 결심했다. 내가 내 아이에게 영어를 알려 주기 위해 세운 계획을 글로 써 보자고. 그래서 아이의 영어 교육에 대해 관심을 갖고, 어떻게 하면 쉽고 재미있게 가르쳐 줄 수 있을지 고민하는 엄마들과 함께 나누어 보자고. 다행히 나에게는 11년 가까이 초등학생들을 대상으로 영어를 가르친 경험이 있다. 나름의 노하우도 쌓았다. 영어를 처음 접하는 아이부터 알파벳만 아는 아이, 꽤 많은 단어를 알고 심지어 영작까지 되는 아이 등 다양한 수준의 아이를 대상으로 영어를 가르쳐 봤다. 학교 수업을 내 아이 영어 교육에 활용할 수 있게 될 줄이야.

책을 쓰기로 결심한 데는 (교사가 아닌) 엄마들에 대한 미안한 마음도 큰 영향을 주었다. 교사에게는 교육의 사각지대를 볼 수 있는 기회가 많다. 게다가 영어 과목을 오래 가르쳤으니 어린 학생들의 영어 교육에 대해서는 확실하게 알고 있다. 나는 그 지식과 노하우를 활용하여 우리 아이에게 잘 맞는 방법으로 영어를 가르칠 수 있다. 하지만 영어 교사가 아닌 엄마들은 아이에게 영어를 가르치려면 사교육의 도움을 얻을 수밖에 없다. 사교육은 비싸다. 내가 공교육에 몸담고 있어서가 아니라, 우리나라의 사교육 비용은 비싸도 너무 비싸다. 나에게 그 많은 돈을 들여 아이를 교육하라고 하면 정말 큰 고민이 될 것 같다.

초등학교에서 배우는 영어는 단순하다. 중학교 시절 영어 수업을 들은 엄마라면 미취학 아동에게 그에 맞는 영어를 가르쳐 주는 것은 결코 어렵지 않다. 방법을 모를 뿐이다. 대단한 것은 아니지만 내가 알고 있는 어린 아이에게 알맞은 영어 놀이 방법을 이 책을 통해 나누고 싶다.

내가 쓴 내용이 정답은 아니다. 나도 누군가에게 배웠고, 배운 내용을 가르치며 십여 년을 보냈다. 그 모든 경험을 바탕으로 내가 찾은 방법은 '놀이'이다. 적어도 중학교에 진학하기 전까지는 가장 좋은 방법이라고 생각한다. 학교에서 가장 효과가 좋았던 이 방법들로 내 아이에게 영어를 가르치려고 한다. 책이 나올 때쯤 우리 아이가 얼마나 성장해 있을지 모르겠지만, 그때도 이 책에 담긴 방법들을 바탕으로 엄마표 영어를 실천하고 있을 것이다.

엄마는 아이가 태어나자마자 만나는 최고의 짝꿍이다. 영어를 가르치는 교사로서, 아이에게 가장 좋은 영어 교육 방법은 공교육도 사교육도 아닌 '엄마표 영어'라고 당당하게 말할 수 있다.

대한민국에서 엄마로 살아가기란 정글에서 살아남는 것만큼 힘들다. 엄마는 강해야 한다는 주변의 말에 온몸에 힘이 들어가다가도 "애가 왜 이렇게 감기에 잘 걸려?" 하는 누군가의 말 한마디에 '내가 엄마로서 부족해 그런가?' 하며 전의를 상실하기도 한다. 하지만 누가 뭐래도 아이에게 가장 잘 맞는 사람은 엄마다. 내 아이의 육아든 영어든 정답은 엄마인 '나'라고 믿어야 흔들리지 않는다.

오늘도 흔들리지 않는 단단한 엄마들의 영어 육아를 응원한다!

— 초등교사 이규도

목차

 내 아이에게 엄마는 최고의 짝꿍 · 5

 엄마표 영어의 밑그림 그리기

조기교육 vs 적기교육 · 17
모든 아이는 언어 천재로 태어난다 · 23
우리 아이의 미래를 상상해 보자 · 26
엄마는 최고의 짝꿍이자, 최고의 길잡이! · 31

2 영어가 어려운 엄마를 위한 조언

멀리 가려면 함께 가자! · 41
된장 발음은 독감이 아니다 · 45
영어 유치원, 조기 어학연수의 효과는? · 54
엄마표 영어, 10분씩 저축하기 · 61
엄마표 영어 단계별 계획 세우기 · 65

3 육아가 수월해지는 엄마표 영어
-0세부터 말 배우는 시기까지-

엄마의 산후 우울증을 치료하는 엄마표 영어 · 73
엄마의 만능 도구, 동요 · 77
리모컨 장례식을 치르자 · 89
엄마가 직접 책 고르는 방법 · 94
엄마표 영어 놀이 · 103
엄마랑 아이랑 영어 짝꿍 놀이 · 106
1단계: 0세부터 3세까지 활용하면 좋은 영어 놀이

영어 학습의 기초 체력, 엄마표 영어로 단련하기
-3세부터 5세까지-

쉽게 기억하는 이유 • 117
단어 암기, 우뇌의 힘 • 119
집 안 벽을 칠판처럼! • 124
엄마의 영어 공부 맘톡 vs 티처톡 • 128
아이는 엄마의 말이 아닌 행동을 따라한다 • 133
엄마랑 아이랑 영어 짝꿍 놀이 • 136
2단계: 3세부터 5세까지 활용하면 좋은 영어 놀이

 ## 계획하는 엄마표 영어
-5세부터 초등학교 입학 전까지-

엄마표 영어 하루하루 쌓기 • 151
DVD도 보는 방법이 따로 있다 • 155
엄마표 영어의 도우미, 일주일 계획표 • 164
엄마랑 아이랑 영어 짝꿍 놀이 • 166
3단계: 5세부터 초등학교 입학 전까지 활용하면 좋은 영어 놀이

영어 교과서 펼치기 전, 딱 이만큼만
-초등학교 저학년을 위해-

효과 좋은 공부 방법 · 187
말하기 연습 놀이 · 193
영어 친구 찾아 삼만리 · 199
영어 공부 게임에 중독되게 하자 · 205
영어는 체육이다 · 211

 ## 영어와 책으로 놀기

0세부터 초등 저학년까지 활용하면 좋은 '책 놀이' · 222
0세, 책과 친해지기 · 226
3세 이후, 스스로 읽기가 가능할 때부터 · 230

 내 아이의 영어 선생님은… · 240

1

엄마표 영어의 밑그림 그리기

조기교육 vs 적기교육

  나는 11년 차 초등학교 교사다. 영어 전담 교사를 7년 정도 했다. 다른 과목도 그렇지만 특히 영어는 조기 교육, 적기 교육을 떠나 아이들마다 각자의 '때'가 있다고 생각한다.

영어 교육을 시작하는 나이가 점점 어려지고 있다. 과거 중학교에서 영어 교육을 처음 실시하던 시절에는, 초등학생이 영어 공부를 한다고 하면 '벌써?'라는 생각과 함께 굉장히 빠른 것처럼 느껴졌다. 그러나 지금은 5~6세에 영어 공부를 시작하는 경우가 많아졌다. 이는 학교에서 첫 영어 교육을 실시하는 학년(초등학교 3학년)이 낮아진 것과 깊은 관련이 있다.

즉 학교 교육 과정에 따라 조기 교육의 시기도 결정되는 것이다.

그런데 학교 교육 과정은 '교육적' 이유만으로 결정되는 것이 아니다. 의외로 교육 외적인 조건들이 결정에 영향을 미친다. 과목별 시수나 교육 주체의 이익에 따라 결정되기도 한다. 그러므로 학교의 커리큘럼을 바탕으로 한 '조기 교육이냐, 적기 교육이냐' 논의는 큰 의미가 없다.

　세계적인 언어학자 노암 촘스키는 인간의 뇌 속에는 LAD^{Language Acquisition Device}라는 언어 습득 장치가 있는데, 이것 덕분에 아무리 어린 아이라도 언어 습득이 가능하다고 주장했다. 실제로 어린 아이의 언어 습득 능력은 놀라울 정도로 빠르고 정확하다. 물론 성인이 된 후에도 언어를 습득할 수 있지만 이때에는 습득이라기보다는 학습에 가깝다. 태어나 처음 말을 배우는 때부터 사춘기 이전은 놀라울 정도로 짧은 시간 내에 언어를 습득할 수 있는 시기다. 조기 교육이 문제가 되는 경우도 있지만 언어 교육만큼은 예외인 듯하다. 어릴 때 쉽게 기를 수 있는 언어 감각이 있는데 왜 성인이 될 때까지 기다리는가? 기다릴 이유가 없다.

　조기 교육의 문제는 아이의 속도에 맞추지 않은 과잉 교육에 있다. 그런데 아이의 속도가 어떤지 찬찬히 살펴보지도 않고 무조건 일찍 시작하지 말라는 말을 듣고 '조기 교육은 안 좋으니 천천히 해야지' 하는 것은 안타까운 선택이다.

　초등학교에서 가장 비싼 교실은 영어 교실이다. 일반 교실과는 인테리어부터 다르고, 영어 수업을 위해 다양한 활동이 가능하도록 만들어진 공간이다. 아이들은 영어 전용 교실에 오는 순간 표정이 밝아진다. 뭔지 몰라도 신나고 재미있는 일이 있을 것이라는 기대를 하는 것 같다. 환경이 아이들의 긴장을 한 꺼풀 벗기는 역할을 한다. 여기에 효과를 더하기 위해 교사인 나도 TV유치원 속 선생님처럼 말한다. 과장해서 말하기, 밝고 명랑한 목소리로 한 톤 높여 말하기, 과장하기, 얼굴 표정 우스꽝스럽게 하기…… 내가 영어 전담 교사로 아이들을 가르칠 때의 모습이다. 영어는 우리말과 분위기가 다르다. 아무래도 우리말보다 억양의 범위가 크고 악센트 자체가 다르다. 그래서 감정을 실어서 이야기하기 좋다. 마치 내가 어릴 때 즐겨 보았던 〈뽀뽀뽀〉의 뽀미언니가 된 듯 과장되고 밝게! 이런 비언어적 요소인 교사의 목소리 톤과 표정은 아이들이 영어를 배우는 데 큰 영향을 미친다.

  우리말을 할 때보다 영어를 할 때 목소리 톤을 높이고 과장된 표정을 짓다 보니, 나 스스로도 아이들 앞에서 영어를 할 때는 기분이 밝아지는 느낌이 들기도 한다. 이런 나의 변화를 아이들이 모를 리 없다.

  "선생님은 영어를 좋아하세요?"
  "응, 좋아해. 재미있거든!"
  아이들이 어릴수록 선생님이 좋아하는 것에 관심을 보이고, 선생님이 재미있어하는 것을 아이도 재미있게 느낀다. 초등학교 교실에서는 선생님의 토익 성적은 그다지 중요하지 않다. 하지만 선생님이 영어를 좋아하는가, 싫어하는가는 매우 중요하다. 선생님이 영어를 잘해도 영어 가르치는 것을 좋아하지 않으면 아이들은 단번에 안다. 선생님이 영어를 싫어한다고 생각하면 아이들도 영어에 흥미와 열정을 보이지 않는다.

반대로 선생님이 영어 발음이 좀 나빠도, 실력이 좀 부족해도 즐거운 마음으로 열정적으로 가르치면 아이들도 선생님의 태도를 따라간다. 선생님이 영어를 대하는 태도에 따라 아이들도 영어를 대하는 태도가 바뀐다고 해도 과언이 아니다.

아무리 초등학생이라 해도 4학년 정도면 이미 생각이 깊고 어른스럽다. 그런 아이들 앞에서 다 큰 어른이 율동도 하고, 노래도 한다. 아무래도 외국어 과목은 아이들의 인지 수준에 비해 가르치는 내용이 유치할 수밖에 없다.

'도시는 사람들이 생활하기에 편리하지만 여러 가지 문제점도 있습니다.'

4학년 1학기 사회 교과서에 나오는 문장이다. 아이들이 이해하기에 큰 무리가 없다. 4학년이면 우리말로 적힌 제법 어려운 문장도 다 이해하지만 영어로는 단 두 마디인 'Don't run!'도 4시간 동안 배워야 한다. 영어 교과서에 실린 문장은 '달리지 마', '나는 춤을 추고 있다', '난 행복해' 등 길이가 짧고 단어의 수준도 낮다. 그 수준 차이를 좁히기 위해서는 '재미'를 무기로 접근할 수밖에 없다. 그래서 초등학교 영어는 노래, 역할극, 게임(놀이) 등으로 가르친다.

주변에 '영어 유아'를 실천 중인 두 엄마가 있다. 진희 엄마와 민우 엄마인데, 두 집의 아이는 각각 영어 조기 교육을 받았다. 진희는 영어 교육에 관심이 많은 엄마와 함께 노래와 율동으로 영어를 배웠다. 진희 엄마는 영어 조기 교육에 과욕을 부리면 아이 정서에 악영향을 끼칠 것을 우려하여 최대한 재미있게 느끼도록 배려했다. 반면 민우는 매일 알파벳을 가르쳐 주고 확인하는 엄마 때문에 '영어=숙제'와 같은 이미지를 갖고 있다. 결국 영어를 본격적으로 시작하기도 전에 영어를 거부하기에 이르렀다. 민우 엄마는 본인이 영어로 인해 받은 스트레스를 은연중에 민우에게 주입하고 있었던 것이다.

엄마는 영어 교육을 시작할 때, 아이의 수준을 진단하기에 앞서 해야 할 일이 있다. 바로 영어에 대해 본인이 어떠한 태도를 취하는지 살펴보는 것이다. 엄마의 태도에 따라 아이의 흥미와 호기심이 좌지우지될 수 있기 때문이다. 따라서 엄마 자신부터 영어를 즐겁게 대해야 한다. 하지만 '진심으로 영어가 즐겁지 않은데 어떻게 하지?'라는 의문이 생길 수 있다. 우리 뇌는 즐거워서 웃는 경우도 있지만 의식적으로 웃었을 때 즐거워하기도 한다. 억지로라도 입꼬리를 올리면 기분이 한결 좋아지고, 의지가 약해질 때 주먹을 쥐면 힘이 생기지 않는가? 영어에 대한 생각도 마찬가지다. 영어를 힘든 것, 어려운 것으로만 생각하지 말고 아이와 함께 놀 수 있는 도구로 여겨 보자.

엄마가 재미있게 웃고 노래하며 영어로 놀아 주다 보면 엄마 자신뿐만 아니라 아이도 관심을 갖게 된다.

학교에서 영어 수업을 노래와 율동, 게임 등 재미있는 방법으로 가르치는 이유도 바로 여기에 있다. 만약 지금 당장 영어 공부를 즐겁게 할 자신이 없다면, 조금 더 준비해 보자. 아이와 즐겁게 영어 공부를 대할 수 있을 때까지. 만약 즐겁게 할 수 있다면? '엄마표 영어'를 당장 시작하자. 즐겁다면, 지체할 이유가 없다!

어린 자녀에게 영어를 가르치기 전 부모가 흔히 갖는 두려움은, '영어 때문에 정작 우리말을 못하면 어쩌지?' 하는 것이다. 여러 학자들이 이중언어 학습자들을 대상으로 연구한 내용에 따르면, 태어날 때부터 두 가지 언어를 동시에 학습한 경우 양쪽 언어 모두 한 가지만 배울 때보다 더디게 습득하는 것은 맞다. 하지만 6~7세 정도에 이르면 두 가지 언어 모두 정상 발달을 보인다고 한다. 아무래도 두 가지를 동시에 배우면 마스터하는 시기가 늦을 수는 있으나 그 또한 비정상이라 할 수는 없다는 것이다.

(그러나 모든 연구 결과를 맹신할 수는 없다. 0세부터 이중언어 교육을 하려고 계획하고 있다면 만에 하나 어떤 부정적인 징조가 보였을 때 '중지한다'는 원칙을 세우길 바란다. 문제가 보이는 데도 꿋꿋하게 변화하지 않는 자세가 가장 위험하다. 이런 자세를 가진 부모라면 외국어 교육뿐만 아니라 양육 전반에 문제를 가져올 가능성이 크지 않겠는가? 항상 낌새가 보인다면 대책을 마련하고 변화하고자 하는 태도를 유지하는 게 좋겠다.)

모든 아이는
천재로 태어난다

한 남자는 아내의 임신 소식을 듣고 무척 기뻐하였다. 모든 아이는 천재로 태어난다는 자신의 신념을 증명할 수 있게 되었기 때문이다. 그러나 불행히도 아이는 미숙아로 태어났고, 지능이 낮다는 판정을 받았다. 하지만 실망도 잠시, 아버지는 아들이 태어난 지 15일되는 날부터 교육을 시작했다. 그리고 그 아이는 아버지의 신념대로 천재로 자라났다. 우리가 흔히 그리는 괴팍한 천재의 모습과는 사뭇 다른, 예의 바르고 건강하며 행복한 천재가 되었다. 지능이 낮은 미숙아를 전인적 천재로 길러 낸 아버지의 교육 방법에 큰 관심을 보인 유명한 교육학자는 그에게 아들의 교육 과정을 책으로 써 보라고 권유했다. 아버지는 책을 써서 자신의 이야기를 세상에 알렸다.

바로 1800년대 독일의 유명한 천재였던 칼 비테 주니어와 아버지 칼 비테의 이야기다. 아버지는 불리한 조건을 가지고 태어난 아들에게서 천재의 씨앗을 발견하고 양육하여 아름다운 열매를 맺게 했다. 아들은 9세 무렵 6개 국어를 자유롭게 구사했으며, 10세 때 최연소로 대학에 입학을 했고, 13세에 철학 박사 학위를 받았다. 칼 비테 교육의 핵심은 바로 조기 언어 교육이었다. 언어는 인간만이 가지는 고유한 능력이고, 지능 발달에 핵심적인 역할을 한다고 생각해 이에 힘썼던 것이다.

조기 교육의 핵심이라고 할 수 있는 만 3세 이전의 교육은 전적으로 부모에 의해 이루어진다. 젖먹이 아기를 학원에 보낼 수도 없고, 다른 사람에게 맡길 수도 없다. 이 시기 아이는 비록 말도 못하고, 스스로 할 줄 아는 것은 거의 없지만 발달 가능성만큼은 우주보다 더 넓다. 그 가능성을 계발시키기 위해 말과 놀이로 이끌어 주는 것이 바로 조기 교육의 시작이다. 엄마와 아빠가 사물을 가리키며 이름과 쓰임을 알려 주고, 이야기를 지어서 들려주는 것이 조기 교육의 시작이다. 조기 교육은 사실 그렇게 거창한 교육이 아니다. 우리가 흔히 '공부', '학습'이라고 부르는 것들을 아이에게 '빨리' 들이댄다고 조기 교육을 실천하는 것은 아니다.

솔직히 비싼 교구나 교재들의 '가성비(가격 대비 성능의 준말)'는 매우 낮다. 효과가 아예 없다는 게 아니라, 그만큼 가격이 비싸기 때문이다. 조금만 관심을 갖고 찾아보면 곳곳에 교육 소재가 있다. 마음만 먹으면 엄마의 행동 하나 하나, 책꽂이의 책, 집 안의 모든 물건들이 훌륭한 교구가 될 수 있다. 아이가 어릴수록 자연 환경으로도 언어 공부를 할 수 있다.

조기 교육은 추종할 것도 타도할 것도 아니다. 내 아이 발달을 잘 관찰해서 되도록 빠른 시기에 잠재력을 발휘할 수 있도록 돕는 것이 조기 교육의 궁극적인 목표이다. 남들보다 빨리 학습하게 하는 것만이 목적은 아니다. 어쨌든 교사로서, 엄마로서 나는 조기 교육을 찬성하는 쪽이다. 특히 언어 교육, 외국어 교육은 최대한 빨리 시작하는 것이 좋다고 생각한다. 단, '피교육자가 준비가 되었을 경우'라는 단서가 붙는다.

조기 교육의 효과는 학자들마다 견해가 다르다. 일찍 시작해서 꾸준히 학습을 지속했을 경우 노출 시간을 늘리는 것은 확실하다. 하지만 시작할 타이밍까지 학자의 견해에 기댈 수는 없다. 내 아이를 키우는 데는 학자가 전문가가 아니다. 내 아이를 가장 잘 아는 사람은 옆집 엄마도, 언어학자도, 교육학자도 아닌 엄마 자신이다. 내 아이에 대한 것만큼은 엄마가 전문가다. 아무리 수많은 정보를 찾아봐야 평균 수준이나 일반적인 이야기를 할 뿐 내 아이 상황에 맞지 않으면 다 소용없다. 따라서 외국어 교육을 시작하는 시기란 정해진 것이 없다. 시도해 봐서 아이가 관심의 기미를 보이면 그때가 적기이다.

우리 아이의 미래를
상상해 보자

 우리 아이가 일찍 영어에 노출됨으로써 어떤 배움을 얻길 원하는지 생각해 본 적이 있는가? 아이가 영어를 공부하는 목적은 무엇이며, 목표는 무엇인가? 보통 우리는 아이가 영어를 잘하면 지금보다 더 치열해질 미래에 남들보다 더 많은 기회를 갖게 될 것이라 기대한다. 그것은 우리가 원하든 원치 않든 사실이다. 영어를 잘하면 내 아이가 꿈을 펼칠 무대의 사이즈가 달라진다. 국내에서 세계로. 하지만 우리가 영어 공부를 하고, 아이들에게도 일찍부터 영어 공부를 시키려는 이유가 단지 이것뿐일까?

교육부가 2015년에 고시한 '2015 개정 교육과정 중 영어과 교육과정'에 의하면 우리나라 영어 교과의 목표를 다음과 같이 정하고 있다.

첫째, 영어로 듣기, 말하기, 읽기, 쓰기 능력을 습득하여 기초적인 의사소통 능력을 기르고
둘째, 평생 교육으로서의 영어에 대한 흥미와 동기 및 자신감을 유지하도록 하고
셋째, 국제 사회 문화 이해, 다문화 이해, 국제 사회 이해 능력과 포용적인 태도를 기르고
넷째, 영어 정보 문해력 등을 포함하여 정보의 진위 및 가치 판단 능력을 기른다.

초등학교 영어 교과의 세부 목표는 좀 더 기초적인 목표를 담고 있다.

초등학교 영어는 학습자들이 영어 학습에 흥미와 자신감을 가지고 일상생활에서 사용되는 기초적인 영어를 이해하고 표현하는 능력을 길러 영어로 의사소통할 수 있는 기초를 마련한다.

가. 영어 학습에 대한 흥미와 자신감을 기른다.
나. 자기 주변의 일상생활 주제에 관하여 영어로 기초적인 의사소통을 할 수 있다.
다. 영어 학습을 통해 외국의 문화를 이해한다.

임용고시를 준비하는 예비 교사들은 이 목표를 달달 외운다. 영어 수업에 임하면서 항상 마음속에 두고 있어야 하는 지표이기 때문이다. 여기에서 우리가 주목할 목표는 '다'항이다. '영어 학습을 통해 외국의 문화를 이해한다.' 우리는 영어를 통해서 영미 문화권 나라의 문화뿐 아니라 전 세계 문화를 접한다. 타 문화를 이해하면서 아이들은 우리가 공기처럼 자연스럽게 입고 있는 한국의 문화를 객관적인 시각으로 바라볼 수 있게 된다. 이처럼 외국 문화에 대한 이해는 우리 문화에 대한 이해와 타인에 대한 포용력을 길러 준다.

　한 나라의 문화를 이해하려면 그 나라의 언어를 알아야 한다. 영어는 전 세계에서 가장 많이 쓰이는 언어다. 영어만 알아도 세계 여러 나라의 문화를 비교적 쉽게 접할 수 있다. 영어 교육을 통해 우리가 얻을 수 있는 이로움은 바로 유연한 사고와 문화 상대주의 사고다.

　'우리'보다 '나'를 중요시하는 개인주의적 사고, '밥을 먹었는지'

보다 '기분이 어떤지' 먼저 묻는 문화, 우리나라 말과 다른 어순을 통해 같은 말을 듣고도 다른 방식의 사고를 하는 것을 배운다. 존댓말이 발달해 있는 우리말, 서양과 다른 성과 이름의 순서 등은 다른 문화를 알아야 제대로 이해할 수 있는 우리만의 특징적인 모습이다.

외국어 학습을 통해 다른 문화를 배움으로써 자연스레 지금 내가 살고 있는 세계와의 차이점에 대해서도 배운다. 우리가 영어를 배우고 교육하는 이유가 단지 의사소통만을 위한 것이 아니다. 다양한 문화를 이해하고 이를 포용하는 사고를 가질 수 있게 하는 것, 이것이 외국어 교육의 궁극적인 목표이다.

우리 아이가 다양한 나라 사람들과 만났을 때 오해나 편견 없이 어울리는 모습을 상상해 보자.

엄마가 아이에게 외국어 교육을 통해 글로벌 마인드를 길러주겠다고 결심하는 순간 이미 목표의 반은 이루어진 것이다. 나머지 반은 엄마가 하기에 달렸다. 이 장의 첫 머리에 제시한 교육 목표는 국가가 정한 영어 교육의 목표다. 학교 선생님은 선생님이 정한 영어 교육의 목표가 있다. 가정에는 엄마가 정한 영어 교육의 목표가 있다면 좋겠다. 그래야 아이의 영어 교육에 대해 소신을 가지고 꿋꿋하게 나아갈 수 있다. 아이가 커 가는 동안 주변에서 들려오는 '내 생각과 다른' 의견들이 얼마나 많겠는가. 이 속에서 길을 잃을 때마다 방향을 잡아 줄 나만의 목표를 떠올려 보자.

- 아이가 커서 어떤 인재로 크기를 바라는가? 금전적, 환경적 제약이 없다면 어느 나라, 어떤 집, 누구와 어울리며 어떤 삶을 살았으면 하는지 구체적으로 상상해 보자.

- 엄마의 영어 교육 목표를 적어 보자. 아이의 평생 영어 교육 목표를 정하고, 초등학교 입학 전의 목표와 입학 후의 목표를 정해 보자.

엄마는 최고의 짝꿍이자,
최고의 길잡이!

 영어를 배우는 사람이 영어를 잘하고 싶은 마음은 모두 같겠지만, 그 목적은 제각각이다. 토익 점수를 얻기 위해, 유학 준비를 위해, 여행 준비를 위해, 구직을 위해 사람마다 필요에 따라 영어 공부를 한다.

'엄마'라는 정체성을 가진 사람들의 공부 역시 다르다. 아가씨 시절에는 자신의 영어 실력을 쌓기 위해 노력했던 사람도 엄마표 영어를 마음먹은 후에는 오로지 아이를 가르치기 위한 영어 공부에 초점이 맞춰질 것이다.

그렇다면 과연 엄마가 영어를 잘하면 아이를 잘 가르칠 수 있을까? 꼭 그런 것만은 아니다.

우리가 한국인으로서 한국어를 유창하게 잘하지만 미국인에게 한국어를 가르쳐 준다고 생각하면 어떨까? 말을 잘하는 만큼 잘 가르치리라는 보장은 없다. 언어를 구사하는 능력과 가르치는 능력은 별개다. 물론 해당 언어를 잘하면 가르치는 데 도움은 된다. 영어를 잘 가르치기 위한 결정적 요소는 '영어를 잘 가르치는 방법'을 아는지 모르는지다.

잘 가르친다는 것은 무엇일까? 누구나 '쉽고 재미있게' 가르치면 흥미를 느낀다. 뭔가를 배우는 사람에게 흥미를 느끼게 해 주는 것 이상 큰 선물이 있을까? 그래서 쉽고 재미있게 가르치는 게 가장 잘 가르치는 것이라 생각한다. 교육 대상이 어릴수록 그렇다.

쉽고 재미있다는 것은 매우 주관적이다. 학창 시절, 우리 학교 선생님들은 시험 기간만 되면 말버릇처럼 '이번 문제 쉽다'고 말씀하셨다. 하지만 시험이 끝나고 나면 항상 '거짓말'이라며 원성이 터져 나왔었다. 선생님은 본인 입장에서 쉽게 냈다고 생각하지만, 학생들 수준이 제각각 달라 어렵게 느끼는 아이도 분명 있기 때문이다.

'쉽고 재미있다'는 기준은 항상 배우는 사람의 기준에 맞추어야 한다. 그러기 위해서는 배우는 사람의 수준과 흥미를 알아야 한다. 이를 파악하는 것이 잘 가르치기 위한 첫 번째 임무다.

아이의 수준과 흥미를 가장 잘 아는 사람이 누구일까? 아이와 가장 오랜 시간을 보내는 엄마가 가장 잘 알까? 그럴 것 같지만 대개

그렇지 않다. 아이의 수준을 가장 잘 아는 사람은 선생님이고 흥미를 가장 잘 아는 사람은 아이 자신이다.

현장에 있다 보면 아이를 정확하게 파악하고 있는 엄마들이 생각보다 많지 않다. 엄마는 아이의 수준을 과대평가 또는 과소평가하기 쉽다. 조금만 잘해도 '천재구나' 하는 엄마, 상위 1프로 수준으로 잘하는데도 평범한 수준이라고 생각하는 엄마들이 많다. 어찌 보면 이것은 당연한 현상이다. 엄마는 내 아이만 보기 때문이다. 아이 또래의 평균치에 기준을 두지 않고 엄마의 기대치를 곧 기준으로 삼는다. 같은 지능을 갖고 있더라도 엄마의 기대치가 낮으면 천재가 되고, 기대치가 높으면 뒤처지는 아이가 되기도 한다.

그래서 보통 영유아기에는 엄마의 기대치가 낮기 때문에 천재처럼 보이지만, 반대로 기대치가 높아지는 중학생이 되면 (엄마 눈에) '평범한 아이'가 되는 경우가 많다.

잘 가르치기 위해서는 일단 내 아이를 객관적으로 파악하기 위해 노력해 보자. 그래야 진짜로 아이에게 알맞은 수준의 교육을 할 수 있다. 적절한 수준의 교육을 하는 것은 매우 중요하다. 아이의 수준은 높은데 쉬운 내용을 가르치려 하면 금방 지겨워하기 때문에 시간 낭비다. 반대로 아이 수준은 낮은데 어려운 내용을 가르치면 흥미와 자신감을 잃는다.

엄마(아빠도 마찬가지)는 가정을 경영하는 경영인이라 할 수 있다. 엄마라는 경영인에게 주어진 가장 큰 과업은 자녀 양육과 교육이다. 부모로서 아이가 진정으로 원하는 일을 하며 행복하게 살기를 바라는 것은 당연하다. 이 궁극적인 목표를 위해 가장 중요한 것은 '아이와 눈높이를 맞추는 것'이다. 아이가 좋아하는 것이 무엇인지, 싫어하는 것은 무엇인지. 싫어한다면 그 이유는 무엇인지 파악하고 그에 맞는 대처를 해야 한다. 치료를 해야 하는데 약이 입에 쓰다고 안 먹일 부모는 없다. 쓴 약을 어떻게 하면 잘 삼킬 수 있을지, 혹은 약을 달게 만들 수는 없을지 연구하고 분석하는 것이 부모의 역할 중 하나다.

이는 영어를 가르칠 때도 마찬가지다. 아이가 영어를 싫어하면 그 이유를 알아야 한다. 유난히 영어 시간을 싫어하는 5학년 아이가 있었다. 영어 교실에만 오면 누군가를 잡아먹을 듯한 표정으로 앉아 있었다. 그 아이가 온몸으로 내뿜는 부정적인 기운에 교탁에 서서 아이가 앉은 쪽은 바라보기도 힘들었다. 나는 이해를 할 수 없었다. 그 아이가 나, 혹은 내 수업을 싫어할 만한 특별한 이유를 찾지 못 했기 때문이다.

어느 날 이대로는 안 되겠다 싶어서 그 반 담임선생님과 상담을 했다. 담임선생님은 아이의 아버지가 최근 실직했는데 그 이후로 많이 힘들어한다고 했다. 짚이는 바가 있어서 아이와 상담을 요청했다. 몇 차례의 상담 끝에 아버지와의 관계에 문제가 있다는 사실을 알게 되었다.

집에 있는 시간이 많아진 아버지는 아이에게 영어의 중요성에 대해 이야기하면서 직접 영어 공부를 시키기 시작했다. 읽고 쓰고 외우게 하는 옛날 방식 그대로였다. 그 아이는 이렇게 표현했다.

"아빠랑 같이 공부하면 지옥을 경험하는 느낌이에요."

나는 그 말을 듣는 순간 마음이 쿵 내려앉는 기분이 들었다. 아이가 안쓰러웠다. 얼마나 그 시간이 힘들었을까. 아마 먹기 싫은 음식을 아빠가 억지로 입에 넣어주는 그런 느낌이었을 것이다.

내가 존경하는 한 교장선생님이 평소에 하시던 말씀이 있다.

"아이를 잘 가르치려고 하지 말고, 선생님을 좋아하게 해 보세요. 그러면 교육은 저절로 됩니다."

그 이야기는 이렇게 바꿀 수 있다.

"영어를 잘하게 하려면 영어를 좋아하게 하면 된다. 영어를 좋아하게 하려면 영어 선생님을 좋아하게 하면 된다."

사실 엄마표 영어를 할 때 아이와 엄마의 관계 설정이 가장 먼저다. 아이들은 어떤 선생님을 좋아할까? 아이들에게 물어보았다. 아이들은 이렇게 답했다.

1. 잘 놀아 주는 선생님
2. 재미있게 공부 가르쳐 주는 선생님
3. 칭찬해 주는 선생님

결국 영어 공부에 있어 '선생님' 자리에 '부모님'을 넣어도 마찬가지다. 나와 시간을 함께 보내 주고, 공부를 즐겁게 할 수 있도록 배려하고, 인정해 주는 부모를 좋아할 것이다. 어른들도 이런 사람을 좋아한다. 내 이야기를 잘 들어 주고 내가 필요할 때 같이 있어 주고 배울 것이 있는 사람. 아이나 어른이나 크게 다르지 않다.

대개 아이의 생활을 잘 관찰하다 보면 심리도 알 수 있다. 아이가 뭔가를 싫어하는 이유를 알아낸 후에는 아이가 좋아하는 방법으로 바꾸어 제시하면 된다. 대부분의 아이들은 놀이를 좋아한다. 요즘 놀이 학습이 각광받는 이유는 단순하다. 우선 아이가 좋아하기 때문이고, 아이가 즐거워하면 학습이 잘 이루어지기 때문이다. 놀이를 성공적으로 활용하기 위해서는 아이가 무엇을 잘하고 좋아하는지 알아야 한다. 아이들에게 '놀이=재미'이고 '재미'를 느끼면 잘하고 싶어지기 마련이다.

　엄마는 아이와 함께 보내는 시간 덕에 그 아이에게만큼은 전문가가 된다. 아이가 '배'라는 단어만 말해도 배가 아픈 것인지, 고픈 것인지 알아차리고, 울음소리만 들어도 무슨 의미인지 안다. 그렇게 영유아기 때는 철저히 아이의 입장에서 생각하다가 이상하게 공부만 시작하면 아이 입장보다 엄마 입장을 내세우는 경우가 많다.

　'엄마표 영어'를 시작하기 전에 엄마가 먼저 영어 공부를 하는 것을 많이 보았다. 이때 아이를 낳기 전 오로지 목표 달성을 위해 하던 공부와 엄마에게 필요한 공부를 혼동하는 경우가 있다. 영어를 공부해서 목표를 달성하고 더 잘하려고 애쓰다 보면 스트레스가 쌓이기 마련이다. 문제는 그 스트레스를 아이와 영어 짝꿍이 된 뒤에도 느낀다는 것. '엄마표 영어' 시작 전에 엄마에게 필요한 공부는 어휘력, 독해력, 영작법이 아니다. 내 아이의 실력을 객관적으로 이해하고 '영어를 가지고 노는 방법'에 대한 공부가 필요하다.

　대학 진학이나 취업을 위해 영어 공부를 해 본 엄마라면 중학교에서 배우는 영어 실력은 갖추고 있다. 그 정도면 '왕초보' 우리 아이와 엄마표 영어를 즐기는 데 전혀 지장이 없다. 중요한 것은 '재미'와 '성의'이다!

　아가씨 시절에 힘들게 공부하던 영어는 과거와 결별하듯 잊자. 그리고 내 아이와 함께 영어를 장난감 삼아 가지고 놀 마음의 준비를 하자.

2

영어가 어려운 엄마를 위한 조언

멀리 가려면 함께 가자!

 집 앞 슈퍼마켓에 가면서 여정을 계획하는 사람은 없다. 그러나 히말라야를 등반하려는 사람이 아무런 계획 없이, 마음의 준비도 없이 떠나지는 않는다. 여정의 단계마다 있을 어려움에 대비하고, 만일의 경우를 위해 플랜 B까지 마련하는 등 만반의 준비를 한다. 집 앞에 우유를 사러 가는 것과 멀고 험한 여행길은 시작부터 다른 것이다. 그리고 무엇보다, 히말라야를 등반하려는 사람은 절대 혼자 가지 않는다.

먼 길, 험한 여정일수록 혼자 가면 실패할 확률이 높다. 어떤 위험이 찾아올지 모르고, 포기하고 싶은 순간이 수없이 닥쳐오기 때문이다. 그럴 때 혼자라면 쉽게 흔들린다. 지금 이 일을 하지 않아도 될 이유를 찾고 자기 합리화를 시도한다.

가까운 거리일수록 혼자 가는 것이, 먼 거리일수록 함께 가는 것이 효율적이다. 먼 길을 가기 위해 여러 사람이 모일 때, 같은 목표와 계획을 공유할 수 있는 사람들이 모여야 모두가 윈윈win-win하는 결과를 얻을 수 있다. 요즘은 카페, 블로그, 혹은 개인 SNS 등이 발달하여 같은 목적을 가진 사람들과 쉽게 공동체를 만들 수 있다.

혼자 하는 공부는 더 이상 경쟁력이 없다. 나는 어려운 시험을 준비할 때 혼자 공부해 본 적이 없다. 고3 때는 친구와 서로 자극을 주고받으며 진도를 맞추어 공부했고, 두 번의 임용고시 역시 스터디 그룹을 조직하여 함께 공부했다. 교실에서 아이들에게도 떠들어도 좋으니 친구와 같이 이야기하면서 공부하라고 주문한다. 혼자 공부한 그룹보다 친구와 토론하며 공부한 그룹의 성적이 높다는 연구 결과도 있다. 주변 사람들과 의견을 주고받으며 공부하면 다른 생각할 겨를 없이 공부 내용에 집중할 수 있고, 남을 가르쳐 주면서 보다 완벽하게 이해할 수 있기 때문이다. 고학년이 될수록 함께 공부하면 정보도 교환할 수 있고, 해이해질 때는 서로서로 자극이 되기도 한다. 힘들 때 부모님보다 더 따뜻한 위로가 되어 주는 것이 함께 공부하는 친구다. 내 처지를 길게 말하지 않아도 다 알고, 함께 어려움을 겪고 있기에 가장 적절한 조언도 해 준다.

영어를 공부할 때에도 마찬가지로 혼자 한 적이 없다. 기존의 스터디 그룹에 참여하기도 하고 내가 스터디 그룹을 만들기도 했다. 그룹이나 짝을 지어서 하는 공부에는 이점이 참 많다. 가장 큰 이점은 어려운 공부를 재미있게 할 수 있다는 점이다.

우리말로 공부하는 것도 힘든데, 처음 접하는 외국어 공부는 얼마나 어려울까. 무조건 함께 해 보자. 어릴 때는 엄마와 아기가 함께, 나아가 엄마표 영어에 관심 있는 '동네 맘'들과 함께 해 보자. 그리고 아이가 조금 크면 옆집 친구, 반 친구들과 함께 공부하도록 그룹을 만들어 주자. 초반에는 친구와 함께 공부하는 시간보다 웃고 떠들며 노는 시간이 더 많을 것이다. 그러나 그 과정 또한 배움의 시간이라 생각하고 엄마가 이끌어 주자. 더디 가는 것 같아도 결국 함께 가는 아이들이 과정도 즐기며 훨씬 멀리 갈 수 있다.

엄마표로 영어를 공부할 때는 단기, 중기, 장기 목표와 계획을 세워 보자. 어떤 계획이든 함께할 수 있는 주변인을 물색해 보자. 아이의 영어 교육에 관심이 있는 이웃 엄마, 조리원 혹은 문화센터에서 만난 엄마, 같은 어린이집에 다니는 아이 친구 엄마 등 주변을 둘러 보면 함께할 이가 분명 있다. 한 명 보다 두 명이 낫고, 두 명 보다는 세 명이 낫다.

이렇게 모인 그룹 구성원들과 일주일에 한 번 또는 이 주일에 한 번 모여서 여러 사람이 필요한 영어 놀이를 함께 하거나, 영어 교육에 관한 정보를 나누고 의지가 약해질 때 서로 응원하며 함께 가는 것이다. 영어 놀이를 함께 하거나 아이들 연령대에 맞는 영어 책을 정하고 그를 바탕으로 목표를 세운 뒤, 세부 계획을 정하고 이를 실천해 나가며 그 과정을 서로 공유하면 된다. 부수적으로 어떻게 하면 엄마표 영어를 더 효과적으로 할 수 있을지 놀이 방법을 연구한다든지, 엄마표 영어 표현을 외운다든지, 아이들과 함께 영어 동요를 함께 외우는 것도 큰 도움이 된다.

엄마와 아이, 남편, 또래 아이를 키우는 이웃, 누구든 함께 길을 가는 사람들은 옆에 있어 주는 것만으로도 먼 길을 포기하지 않고 갈 수 있는 힘이 된다.

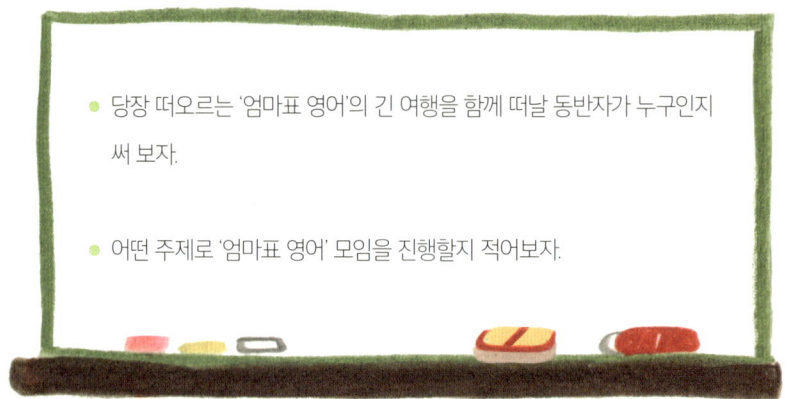

- 당장 떠오르는 '엄마표 영어'의 긴 여행을 함께 떠날 동반자가 누구인지 써 보자.

- 어떤 주제로 '엄마표 영어' 모임을 진행할지 적어보자.

된장 발음은
녹감이 아니다

 엄마표 영어를 하려면 엄마가 영어를 잘해야 한다? 우리 어머니는 51년 생으로 올해 65세이시다. 어머니는 내가 처음 영어를 시작할 때(초등학교 4학년) 많은 도움을 주셨다. 같이 책을 읽어 주고, 내가 공부하면 옆에서 지켜봐 주셨다. 우리 어머니의 영어 발음은 버터가 아닌 '된장 바른 영어 발음'이다. 매우 정직한 한국인의 악센트를 가지고 계신다.

나는 처음에 어머니가 읽어 주는 책을 함께 보면서 "우와, 우리 엄마 영어 진짜 잘한다. 발음도 되게 좋아요!" 했다. 그도 그럴 것이 나는 한 글자도 읽을 수 없는 알파벳을 문장으로 술술 읽어 주시니 어머니의 발음이 무척 멋지게 들렸다. 그러나 일 년이 지나지 않아 엄마의 발음이 카세트에서 나오는 발음과 많이 다르다는 것을 알게 되었다.

"엄마, 이 카세트에서 나오는 원어민 발음을 들어 보면 그건 그렇게 읽는 게 아닌 것 같은데요?"

내가 말하자 어머니는 "그래? 그럼 네가 한 번 읽어 보렴" 하시며 자연스럽게 공부의 주도권을 넘겨주셨다. 나는 최대한 카세트에서 흘러나오는 발음과 비슷하게 흉내 내려고 했다. 잘 안 될 때에는 테이프를 몇 번이나 계속 되감으면서 내 발음과 카세트에서 나오는 발음의 차이를 줄이려고 애썼다. 그 과정이 정말 재미있었다. 공부라고 생각하지 않고, 단순히 카세트의 소리와 내 발음이 비슷해지는 과정이 즐거웠다. 일 년 가까이 어머니의 된장 발음을 들으며 영어 공부를 시작했지만, 그 발음 때문에 외국인들과 의사소통하는 데 어려움을 겪은 적은 없다. 나와 대화를 나눈 외국인들은 내 영어를 듣고 외국에서 공부했냐고 묻곤 했다. 아니라고 겸손하게 대답했지만 어깨가 으쓱해지는 것은 사실이었다.

엄마가 영어를 잘 못한다고, 된장 발음이라고 해서 주눅 들지 않았으면 좋겠다. 안 좋은 발음이라도 '자꾸 들려주는 것'이 중요하다. 된장 발음으로 들려주는 영어는 유익하면 유익했지 전혀 해가 되지 않는다. 아이는 오히려 잘된 발음과 그렇지 않은 발음을 구분하며 카세트에서 흘러나오는 원어민의 발음을 따라 하려 애쓸 것이다.

엄마의 된장 발음은 독감이 아니다. 아이에게 전염되지 않으니 걱정 말자.

영어를 일찍 시작하면 우리말의 정상 발달에 혼란을 가져온다?
본격적인 이야기에 앞서 '정상'이라는 단어와 '혼란'이라는 단어의 정의를 확실히 하고자 한다.

우선 정상이라는 말을 생각해 보자. 다음 중 어느 아이의 언어 발달이 정상이 아닐까?

1번) 우리말을 유창하게 하는 우리나라 아이
2번) 영어를 유창하게 하는 미국 아이
3번) 우리말을 유창하게 하는 미국 아이
4번) 영어를 유창하게 하는 우리나라 아이
5번) 우리나라 말도 영어도 불완전하게 하는 우리나라 아이

아마도 마지막 아이를 꼽은 사람이 많을 것이다. 그러나 이 아이들의 언어 능력은 모두 정상이다. 불완전한 상태는 완전한 상태로 가는 과정이지 비정상은 아니라는 거다(장애는 더더욱 아니다).

이런 생각 때문인지, 외국어 공부를 시키다가 아이가 모국어도 외국어도 잘 해내지 못해 불안을 느끼는 부모들은 '이게 다 외국어 공부를 시켰기 때문이다'라고 자책하곤 한다. 만약에 어떤 아이가 외국어 공부를 하다가 어떤 심각한 문제가 생겼다면, 그것은 외국어 공부 자체가 문제가 되었다기보다 과정이 잘못되었을 가능성이 크다. 모국어와 외국어 동시 학습에 어려움을 겪는 아이들의 경우 다른 특별

한 이유가 없다면 교육자의 강압적인 태도가 스트레스를 주는 경우가 많은데, 이를 두고 '외국어 공부가 아이의 정서에 악영향을 끼쳤다'고 한다면, 사건의 원인과 결과를 잘못 파악하고 있는 것이다.

그렇다면 **혼란**은 무엇일까? 기존에 알던 것과 다른 무언가를 접했을 때 생기는 인지적 불일치를 말한다.

아기가 알던 사과는 빨간색인데 엄마가 초록색 사과를 주며 "사과가 맛있으니 먹어 봐" 하면 혼란이 온다. '어라? 사과는 빨간색 아니었어? 초록색 사과도 있어?' 아기의 머릿속에 인지 부조화 상태가 찾아온 것이다. 아기는 확인을 위해 나름의 실험을 해 본다. 껍질을 까고 반을 쪼개 보니 이 초록색 동그란 과일의 속이 빨간색 사과의 속이랑 똑같은 것이 아닌가? 맛을 보니 조금 신맛이 나기는 하지만 사과라고 불러도 좋을 것 같다. 엄마는 아기의 이런 생각에 쐐기를 박는다.

"초록색 사과도 사과야. 빨간색 사과랑 종류가 다르긴 하지만 이것도 무척 맛있단다."

그제야 아기는 이해를 한다.

'아! 그렇구나! 다음부터는 초록색 사과도 사과라고 불러야지.'

아기는 이렇게 혼란을 거쳐 단어가 가진 의미를 확장해 나갈 것이다. 이런 혼란은 어린 아이에게 일상이다. 혼란이 없다면 배움도 없다. 외국어 습득이 혼란을 주는 장면을 예로 들어 보자.

나는 빨갛고 동그란 과일을 사과라고 불렀다. 그런데 엄마가 갑자기 사과를 가리키며 "애플!"이라고 말한다. 엥? 저건 사과인데, 왜 애플이라고 하지? 애플은 맛있다는 뜻인가? 예쁘다는 뜻인가?

아이가 영어 단어를 처음 접하는 순간은 이렇지 않을까? 자신이 알고 있는 정보가 견고하면 견고할수록 혼란도 크고 충격도 클 것이다. 하지만 이런 혼란이 아이의 인지 구조에 장애를 일으킬 만한 요소일까? 내가 소아정신과 전문의는 아니지만, 뇌가 폭발적으로 성장하는 시기의 어린 아이에게 '무엇인가 배우기 위해 겪는 혼란'은 긍정적인 자극이 될 것이라 생각한다.

학교에서 아이들을 가르치다 보면 아무리 우리말을 유창하게 하는 부모 밑에서 자란 아이라 해도 크고 작은 언어 장애를 겪는 경우가 있다.

수연이(가명)는 여러 과목에서 우수한 점수를 받고 있지만, 일기써 오는 것을 보면 언어에 약간 문제가 있다는 것을 알 수 있다. 맞춤법을 잘 알고 모르는 문제가 아니었다. 전반적으로 언어의 능력이 떨어진다고 볼 수 있었다. 그런 문제를 겪고 있다면, 학년이 올라갈수록 다른 과목의 학습 능력도 떨어질 가능성이 크다. 모든 교과 과정은 국어를 바탕으로 하기 때문이다.

우리나라 아동의 약 10% 정도가 언어 장애를 경험한다고 한다. 이 10%는 말을 더듬거나, 언어 습득 속도가 매우 느리거나, 글 읽는 데 어려움을 겪는 아동의 비율이다. 꽤 높은 비율이라고 할 수 있다. 환경적, 유전적 요인이 대부분이겠지만 대개의 경우 정확한 원인을 알 수 없다.

가령 이러한 언어 장애를 겪는 아이가 영어 공부에 열성적인 엄마와 외국어를 공부했다고 가정해 보자. 아이는 외국어 공부를 시작하기 이전에 우리말 습득에도 문제 소인을 가지고 있었을 것이다. 하지만 사람들은 마치 아이 엄마가 과욕을 부려 외국어를 가르치는 바람에 아이의 모국어 습득 과정을 망쳐 놓은 것처럼 손가락질한다. 주변 사람들이 그렇게 생각하는 것은 '까마귀 날자 배 떨어진 상황'일 뿐이다.

외국어 공부만으로 모국어 발달에 장애를 가져오지 않는다는 게 나의 생각이다. 습득 속도가 다소 느릴 수는 있다. 단일 모국어를 습득하는 아이와 이중 언어를 습득하는 아이의 언어 발달의 순서와 속도는 다를 수밖에 없다. 하지만 다르다고 해서 정상이 아닌 것은 아니다. 지금까지 외국어 노출 때문에 아이의 모국어 습득에 문제가 있다는 어떠한 사례도 없으니 안심하시길.

카페에서 몇몇 엄마들이 수다 떠는 내용을 우연히 듣게 되었다. 한 엄마는 아이가 24개월이 되었을 때, 남들도 다 그맘때 한글을 배우기 시작한다고 하니 왠지 그래야 할 것 같아 꽤 비싼 한글 교구를 사다 줬다고 한다. 직장에 다니는 엄마가 아이를 돌볼 시간이 없어서 결국 아이는 한글 교구를 물고 빨고 망가뜨리기만 하다가 유치원에 들어갔다. 한글을 깨치지 못 한 채로 말이다. 얼마 후, 유치원에 가서 선생님과 상담을 하는데 "아이가 한글을 저절로 깨쳤다"는 선생님의 말을 듣고 '괜히 일찍부터 비싼 돈 버리고 아이를 괴롭혔다'고 생각했다고 했다.

나는 하마터면 그 테이블에 가서 그게 아니라고 외칠 뻔했다. 선

생님의 눈에는 아이가 저절로 한글을 깨친 것처럼 보이지만, 사실은 그렇지 않다. 세상에 아무리 언어 천재로 태어났다 해도 언어를 저절로 깨치는 경우는 없다. 어릴 때 엄마가 사다 준 한글 교구를 아이가 '갖고 놀며' 이리저리 조작을 해 봤기 때문에 유치원에 가서 그토록 쉽게 한글을 깨칠 수 있었던 것이다. 그 과정이 없었더라면 아이가 그렇게 빠르게 한글을 깨칠 수 있었을까?

아이들은 놀면서 배운다. 스위스의 아동 심리학자 피아제Piaget는 이를 이렇게 설명했다.

"아이들은 스스로 조작 활동을 거치며 혼란 상태인 '인지 부조화'에서 아는 상태인 '인지 조화', 즉 동화同化 상태로 간다"

문화센터의 수업 시간 내내 딴짓하는 것처럼 보였는데, 집에 와서 아이가 선생님이 했던 노래와 율동을 따라하는 것이 이런 경우다. 아이는 나름대로 머릿속 혼란을 이기며 조작 활동을 한 것이다. 아이들이 배우는 방식은 따로 있다.

어릴 때부터 이중 언어를 습득시키겠다고 하면서 단일 언어를 학습하는 아이들만큼 모국어가 빨리 발달하지 않아 불안해한다면 앞뒤가 맞지 않는 이야기다. 미술과 역사를 복수 전공하는 대학생이 있다고 치자. 두 가지 모두를 잘해 내려면 그만큼 시간과 노력을 기울여야 한다. 하지만 조금 더디고 힘들더라도 두 가지 수업을 훌륭히 이수해내면, 미술과 역사 모두를 잘하는 사람이 될 것이다.

아이들이 이중 언어를 습득하는 것도 마찬가지다. 처음에는 조금 더 시간이 걸리고 더뎌서 걱정되겠지만 결국 두 가지 모두 잘할 수 있게 된다. 주변의 수많은 우려에도 불구하고 빌친에 낸 엄마들의 사례가 있고 수많은 이중 언어자들의 존재가 이를 증명한다.

너무 일찍 시작하면 언어 발달이 더디지 않을까 고민하지 않아도 된다. 오히려 어릴 때 시작한 외국어는 이후 상급학교에서 외국어를 배울 때의 혼란을 줄여 주는 일종의 완충제 역할을 하기도 한다.

영어 유치원, 조기 어학연수의 효과는?

 저렴한 가격에 비해 음식 맛이 좋은 식당에서 밥을 먹을 때 우리는 만족감에 젖어 '돈 잘 썼다'는 느낌을 갖는다. 물건을 살 때도 가격 대비 성능이나 쓸모가 좋은 물건을 찾는다. 필기용 볼펜을 고르다가 글씨도 잘 써지고 디자인도 괜찮아서 사려고 봤더니 10만 원이라면? 사람들은 그 볼펜의 품질과 디자인이 마음에 들더라도 너무 비싸면 사지 않는다. 합리적인 소비라고 생각하지 않기 때문이다. 우리는 물건을 살 때 의식적으로, 무의식적으로 '가성비'를 따진다.

우리가 자녀 교육에 돈을 투자할 때에도 그렇게 합리적으로 소비할까? 교육은 성능으로 따지기에는 무리가 있지만 '기대되는 효과'

라는 것이 있다. 아무리 비싼 교구를 사고 비싼 학원에 보내도 우리 아이에게 잘 맞지 않는다면 아무 소용이 없다. 하지만 좋다는 것은 덮어놓고 따라하는 이들이 꽤 많아 안타깝다.

영어 유치원이나 조기 어학연수를 시작하기 전에도 이런 점을 따져 보면 좋겠다. 물론 여러 경험을 하며 배우는 것은 좋다. 하지만 돈이 들어가는 일이지 않은가. 이 돈을 지불해 어떤 효과를 볼 수 있는지 플러스, 마이너스를 잘 따져 봐야 할 것이다.

우리가 영어 유치원에 보내기 전 기대하는 바는, 아이가 원어민 선생님과 의미 있는 상호 작용을 경험하는 것이다. 그런데 정말 영어 유치원에 가면 그런 경험을 할 수 있을까? 혹시 원어민 선생님과 대화 한 마디 못 하고 구경만 하다 오는 것은 아닐까?

이런 걱정이 든다면, 엄마가 직접 꼼꼼하게 따져 보기 바란다. 영어 유치원에서 수업하는 원어민 교사들이 자유롭게 뛰어노는 어린 아이들의 이목을 집중시키는 방법을 잘 알고 있는가? 원장의 교육 철학은 어떠한가? 교육 커리큘럼은 우리 아이 수준에 잘 맞춰져 있는가? 등을 따져 보자. 그리고 무엇보다 내 아이의 성향과 영어 유치원이 어울릴지 잘 생각해봐야 한다. 활달하고 말하기를 좋아하는 아이들은 영어 유치원에 가서도 호기심을 해결하며 즐겁게 영어를 배울 것이다. 하지만 내성적이고 혼자서 책 읽는 것을 더 좋아하는 아이들은 영어 유치원보다 영어 그림책 읽는 게 훨씬 도움이 될 수 있다. 이런 아이들은 영어 유치원의 환경 자체가 스트레스로 느껴질 수 있다.

　원어민 선생님들 중 다양한 성향의 아이들을 아우르며 수업에 참여시킬 수 있는 사람은 많지 않을 것이다. 그들을 무시하는 것이 아니다. 전혀 다른 언어권의 나라에 와서 가장 에너지 넘치는 취학 전 아동들을 '외국어'로 가르쳐야 한다. 그들의 입장에서 생각해 보아도 결코 쉽지 않은 일이다. 물론 이런 상황에서 한국인 선생님보다 더 훌륭하게 가르치는 원어민 선생님도 분명 있다. 문제는 그 숫자가 적다는 데에 있다.

　조기 어학연수도 따져 볼 것이 많다. 조기 어학연수의 형태는 여러 가지가 있다. 부모 동행 없이 인솔자가 이끄는 팀에 아이만 보내는 경우, 부모가 인솔하는 경우, 아이를 외국의 친척 집에 보내는 경우, 아이 혼자 보내는 경우 등이 있다. 아예 몇 년씩 조기 유학을 가는 경우도 있지만 보통 기간에 따라서 방학이나 휴가철을 이용하는 경우가 가장 많다.

　조기 어학연수는 그 목적이 무엇이냐에 따라 성패의 기준도 다르다. 새로운 문화 체험, 견문 넓히기, 외국어 공부 동기유발 등을 목표로 하면 어렵지 않게 목적을 달성할 수 있다. 단, 함께 간 인솔자도 그 목적에 동의한다는 전제 하에서 그렇다. 주야장천 숙소나 교실 비슷한 공간 안에서 함께 간 아이들끼리 모여서 '영어 캠프'라는 이름으로 시간을 보내다 오는 경우도 있다. 이럴 거면 뭐하러 비행기 타고 멀리까지 갔나 싶다.

외국에 나가서까지 공부하는 이유는 무엇일까? 우리와 다른 사람들을 직접 보며 지금까지 머릿속에 갖고 있던 상식이나 사고를 깨뜨리는 신선한 경험이 여행이 주는 최고의 가치일 것이다. 그런데 외국에 나가서까지 책상에 앉아 공부만 하다가 오는 얼토당토않은 어학연수가 꽤 많다. 놀라운 것은 인기도 많다. 아이들을 하루 종일 데리고 다니기 힘든 인솔자의 여건과 일단 방학 때 아이들을 어딘가 보내곤 열심히 보고 배우겠거니 안심하는 부모들의 심리가 이런 웃지 못 할 어학연수를 존재하게 하는 것이다.

인솔자의 스타일에 따라 다르겠지만, 인솔자 한 명당 학생 5명이 넘어가는 어학연수는 추천하지 않는다. 대부분 그런 어학연수는 영어마을 수준의 외국어 경험과 멀찌감치에서 외국인들을 구경하고 오는 정도에 그치는 경우가 많기 때문이다. 아이들은 스스로 무언가에 도전하고 경험하기에 너무 어리기 때문에 인솔자가 끊임없이 질문하고 견문을 넓힐 수 있도록 도와주어야 한다. 물론 스스로 의젓하게 메모할 것 메모하고, 자발적으로 연수에 참여하는 아이가 없지는 않지만 드물다.

중고등학생이 아니라면 차라리 어학연수 비용으로 엄마와 함께 하는 여행을 추천한다. 여행도 아니고 공부도 아닌 애매한 프로그램보다는 외국에 나가 신나게 구경하고 놀고 오는 편이 훨씬 유익하다.

만약 어학연수를 보내기로 마음먹었다면, 여러 가지를 고민해 봐야 한다. 요즘은 부작용 사례가 잘 알려져 이전보다는 줄었지만 우선

'꼭 필요한지'부터 따져 봐야겠다. 장기 어학연수나 조기 유학은 부모가 동반해도 성공하기 쉽지 않다. 부모도 새로운 환경에 적응하기 힘든데, 아이가 잘 적응하지 못 하면 학업뿐만 아니라 스트레스로 영어를 더 멀리할 수 있다.

자녀의 장기 어학연수나 조기 유학을 계획하는 부모들은 아이의 영어 실력과 더불어 글로벌한 인맥을 만들었으면 좋겠다는 욕심이 있을 것이다. 그러나 이것이 그저 꿈에 그치는 경우도 생각하지 않을 수 없다. 한국인이 많은 지역으로 가면 한국 아이들과 어울려 지내게 되고, 한국인이 거의 없는 지역으로 가면 쉽게 섞이지 못 하거나 심한 경우 인종 차별도 경험하게 된다. 물론 이러한 걱정 없이 영어 실력도 늘고 외국인 친구도 잘 사귀는 아이들도 있다. 하지만 만에 하나의 경우를 생각하지 않을 수 없다.

만약 아이가 원하지 않는 상황에 외국에서 공부를 하게 하는 경우, 더욱 세심하게 살펴볼 필요가 있다. 막상 가 보니 생각보다 재미있고 잘 맞아 완벽 적응하게 된다면 더할 나위 없이 좋겠지만, 어린 나이에 부모님과 떨어져 지내는 것, 친구들과 헤어지는 것, 낯선 곳에 대한 두려움 등이 바탕에 깔려 있는 상태로 외국에 나가게 되면 아무래도 공부보다는 적응에 에너지를 많이 쏟을 것이기 때문이다. 이러한 경우 초기의 상당 기간은 안부를 물을 때 '공부는 잘 했니, 오늘은 무엇을 배웠니' 보다는 '오늘은 어디에 다녀왔니, 어떤 친구와 점심을 먹었니' 등을 묻는 등 심리적인 배려가 중요하다.

또 금전적인 문제를 무시할 수 없다. 아무래도 외국에 나가면 국내에서 공부하는 것보다 효과는 좋을지 몰라도 그만큼 비용이 많이 든다. 처음에 계획했던 기간을 다 채우고도 여러 모로 아쉬움이 남아 기간을 연장하는 경우도 꽤 많다. 기간이 길어질 경우 일반적인 가정에서 감당할 수 있는 수준인지 충분히 고민해야 한다.

　이 모든 변수들을 고려한 후에도 아이가 절실히 원하고 부모도 금전적, 정서적으로 뒷받침해 줄 여유가 있다면 그때 어학연수나 조기유학을 보내도 늦지 않다. 유학 후 가장 중요한 것은 추후 모니터링이다. 물리적 거리는 멀어졌지만, 엄마는 계속해서 아이의 성장과 발달을 관찰하고 알고 있어야 한다. 치맛바람을 선보이라거나 과잉 보호하라는 뜻이 아니다. 아이의 생활에 조금이라도 문제가 보이면 적극 개입해야 한다는 뜻이다. 상황에 따라 의도적으로 참견하지 않고 아이 스스로 해결할 수 있게 내버려 두는 것도 넓은 의미로 개입이다. 아이를 방임하는 것과 전략적으로 한걸음 뒤에서 지켜보는 것은 엄연히 다르다.

　앞서 언급한 변수들이 감당하기 어렵다 싶으면 영어 유치원은 엄마표 영어를 더 적극적으로 하는 것으로 대체하고, 어학연수는 엄마와의 여행으로, 조기 유학은 짧은 어학 연수로 대체하길 권한다.

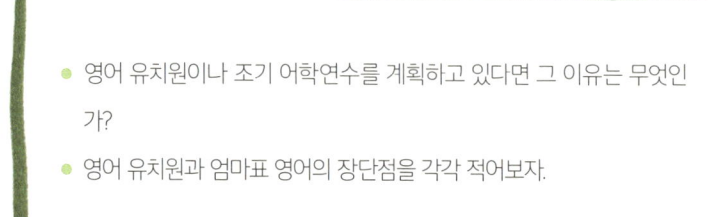

- 영어 유치원이나 조기 어학연수를 계획하고 있다면 그 이유는 무엇인가?
- 영어 유치원과 엄마표 영어의 장단점을 각각 적어보자.

엄마표 영어, 10분씩 저축하기

    돈을 모으기 위해서 흔히 하는 일은 저축이다. 매달 일정 금액을 은행에 넣는 것인데, 은행에서는 이자를 계산하여 원금과 더해 준다. 꾸준한 저축과 이자는 시간이 벌어다 주는 마법의 요술 지팡이와 같다.

　세상 모든 일도 시간의 마법을 거치면 상상하지 못 한 결과가 나타난다. 매일 10분씩 꾸준히 운동을 저축하고 시간이 마술을 부리면 건강과 활력이라는 열매를 얻는다. 매일 꾸준히 한다는 것이 쉽지는 않지만 쉽지 않은 만큼 그 열매는 달다. 영어도 그렇다. 더도 말고 덜도 말고 엄마 본인의 영어 공부를 위해 매일 10분을 투자하고, 자녀를 위한 엄마표 영어에 10분을 투자하면 10년 뒤에는 '매일 10분 영어'를 저축하지 않은 경우와 어떤 차이가 있을까?

영어 실력 신장은 단지 내가 꾸준히 모은 원금일 뿐이다. 그에 대한 이자로는 상상할 수 없는 큰 혜택이 주어진다. 하면 된다는 자신감, 무엇이든 꾸준히 도전하는 습관, 미래에 대한 가능성 등이다. 이것들은 돈으로 환산할 수 없는 가치다.

작은 차이가 시간과 함께 쌓이면 다른 차원의 결실을 만들어 낸다. 그 차이는 단시간 내에 감히 넘볼 수 없는 수준이다. 아마도 우리의 영어가 자꾸 실패하는 이유는 이자가 눈덩이처럼 불기 전에 자꾸 밀리거나 중도 해지해서 그런 게 아닐까. 매일 10분씩 10년을 붓는다고 생각하고 실천하자. 컨디션이 좋을 때는 10분을 넘을 때도 있고 피치 못할 사정이 생기면 건너뛰는 날도 있을 것이다. 중도에 포기하지만 않는다면 매일 10분씩 저축한 노력은 배신하지 않는다. 절대.

매일 10분을 떼어 낼 수 있는 시간은 여기 저기 많다. 특히 아침에 10분 일찍 일어나거나 잠들기 전 10분 시간을 내서 영어 공부하는 것을 추천한다. 아침 시간은 가장 정신이 맑을 때이다. 하루 중 새벽 공기가 가장 신선하다. 신선한 공기를 맡으며 아이와 아침 10분을 영어에 투자하는 습관을 들이는 것이 1단계 성공이다.

일과 살림에 육아까지 해야 하는 워킹맘이라면 더욱이 늦은 밤 보다 새벽에 시간을 내야 한다. 새벽 공부와 저녁 공부는 질적으로 다르다. 나는 아이를 낳기 전까지는 올빼미형이었다. 늦게 자고 늦게 일어나는 것이 20년 넘은 오랜 습관이었다. 밤이 되면 눈이 반짝반짝해지고 집중력이 올라갔다. 이런 내 생활에 크게 불만은 없었다. 그런데 이런 나의 올빼미 생활이 아이를 낳고 180도 바뀌었다. 아침형 인간도 아니고 새벽형 인간이 된 것이다. 자의가 아닌 타의에 의한 변화였다. 아이가 꼭 새벽 4시쯤이면 배가 고파 울면서 깼기 때문에 나도 같이 잠이 확 달아났다. 나는 새벽에 일찍 일어난 게 아까워서 그 시간에 책을 읽기 시작했다. 분명 같은 책인데 새벽에 읽는 책은 달랐다. 더 생생하게 작가의 목소리가 들리는 듯했다. 하루의 시작부터 활기가 도니 의욕이 샘솟는 듯했다.

아침에 시간을 내기 어렵다면 늦은 밤(잠들기 전)이라도 노력해 보자. 새벽 시간을 활용한다는 것은 올빼미형이나 아침형이나 차이가 없는 듯하다. 새벽 시간에는 모두가 잠든 시간이라 온 세상이 고요하게 느껴진다. 이 시간 중 10분 정도를 활용하여 엄마표 영어를 위한 준비를 하면 효과가 좋다. 실제로 잠들기 바로 직전에 읽거나 들은 정보는 머릿속에 오래 남는다고 하니, 이 시간대를 적극 활용하는 것이다.

   무언가를 위해 매일 10분씩 투자하는 것은 결코 쉽지도, 가볍지도 않다. '1만 시간의 법칙'에서 만 시간은 단순히 1시간을 만 번 더한 것의 합이 아니다. 매일 꾸준히 10분, 20분 차곡차곡 쌓아 올린 시간들은 단순한 덧셈의 계산으로 이익을 전해 주지 않는다. 제곱의 제곱, 그 이상으로 상상하지도 못 할 크기의 이익을 선물로 준다. 외국어 공부, 독서, 일기 쓰기, 운동, 메모 등 매일 저축하듯 하루 일과 중 10분씩 따로 떼어서 모아 보자. 꾸준히 무엇인가를 하는 힘은 반드시 기적을 낳는다.

엄마표 영어 단계별 계획 세우기

 엄마표 영어는 계획 세우기부터 시작된다고 해도 과언이 아니다. 나는 아이가 태어나자마자 아기에게 최대한 많은 언어적 자극을 주겠다고 결심했었다. 갓 태어난 아기가 외부의 자극을 받아들일 수 있는 잠재력은 엄마가 상상할 수 있는 것 이상이라고 굳게 믿고 있었기 때문이다. 솔직히 말하자면 어떤 결과가 나올지 크게 기대하지 않는다. 결과까지 기대하고 아이에게 요구하면 지금 이 순간을 충분히 즐길 수 없기 때문이다.

아이가 어떤 열매를 맺을지는 오롯이 아이의 몫이다. 단지 지금 내가 아이에게 해 줄 수 있는 것을 최선을 다해 해 주자고 마음먹었다. 그래야 후회가 없을 것 같았다. 내가 할 수 있는 최선을 다해 사랑한다고 말해 주었고, 후회 없이 놀아 주고, 책을 읽어 주었다.

엄마표 영어를 하겠다고 결심한 뒤 가장 먼저 한 일은 계획을 세우는 일이었다. 계획대로 진행되지 않는다 하더라도 괜찮다. 계획을 세운다는 것 자체가 중요하고, 이를 조금씩이라도 실천하는 게 다음 단계로 넘어가기 수월하다.

내 계획은 이러하다. 아이가 돌이 되기 전까지는 매일 영어 동요를 2시간 이상 들려준다. 짤막한 영어 동화를 1권 이상 읽어 준다. 엄마 목소리로 영어 동요 5곡 이상 들려준다.

대부분 계획한 것들을 지켰고, 아이는 별 문제 없이 엄마와 눈을 마주치고, 다른 아이들처럼 옹알이를 하고, 서고 걷고 뛰며 자랐다. '하이파이브'를 '하빠'라고 말하고, '애플'을 '아쁘'라고 했지만, 엄마의 귀에는 원어민 발음보다 더 훌륭하게 들렸다.

아래 소개하는 단계별 계획은 순전히 참고사항이다. 이리저리 수정하고 첨삭하여 나와 내 아이에 꼭 맞는 계획을 세워 실천하기를 추천한다. 계획은 세우는 사람의 것이 아니라 실천하는 사람의 것이다.

🍎 1단계 : 대상 - 0세 아이 ~ 말 트기 전까지

1단계의 목표는 아이가 영어 음성을 익숙하게 느끼도록 토대 만들기다. CD와 그림책을 활용하여 자연스럽게 받아들이도록 하는 방법이니 부담 없이 접근한다.

이 시기 아기들은 하루에 14시간 이상 잔다. 말을 하기 전이라 엄마의 말을 알아듣는지 확인도 어렵다. 엄마가 말하기를 즐기는 성격이 아니라면, 대꾸가 되지 않는 아기에게 끊임없이 말하기란 어려운 일이다. 그러나 이 시기가 인간의 두뇌 발달이 가장 폭발적으로 이루어지고, 이후 발전할 수 있는 잠재력의 깊이와 폭을 결정하는 시기이기 때문에 포기할 수 없다. 주로 깨어 있는 시간에 CD와 엄마 목소리를 번갈아 들려주고 의도적으로 언어 자극을 주고자 했다.

오전, 오후, 저녁으로 하루를 3등분 하여 계획을 세웠다.

오전	• 기상 후 기분 좋을 때 : 우리말 동요를 엄마 목소리로 들려주기. 베이비 마사지 하며 스킨십 해 주고 사랑한다 말하기.
오후	• 낮잠 후 기분 좋을 때 : 아기가 하고 있는 일 또는 엄마가 하는 일을 묘사하여 아기에게 생중계하기. 예) 기저귀를 갈 때 : "Mommy is changing John's diaper now. Ummm, feel so soft. 엄마는 지금 주안이 기저귀를 갈고 있어요. 아이, 뽀송뽀송해!" • 영어 동요 5곡 (Head Shoulder Knees / Teddy Bear Teddy Bear / Twinkle Twinkle Little Star / Clap clap a Handy, Reach for the Sky 등) 들려주기
저녁	• 저녁 잠자리 들기 전에 : Good night, I love you, Bye 와 같이 간단한 문장 들려주기. • 수시로 벽에 걸린 알파벳과 한글 포스터를 리드미컬하게 읽어 준다.

• '~ 기분 좋을 때'라는 단서가 중요하다. 아이가 즐거워야 스트레스가 없다. 명심하자.

🍎 2단계 : 대상 – 말 튼 후 ~ 초등 입학 전

한참 말하는 재미에 빠져 종알종알 말수가 느는 언어 폭발기이다. 호기심이 많아 질문도 많아지는 시기이므로 아이가 마음껏 이야기를 할 수 있도록 엄마가 잘 들어 주고 반응해 준다.

오 전	• 아이가 기상 할 때 제일 좋아하는 영어 동요를 들려준다. 엄마와 아이가 함께 흥얼거릴 수 있는 노래가 좋다. • 간단한 아침 인사는 영어로 한다.
오 후	• 퇴근 하여 2시간 동안 아이와 함께 놀기(아이와 영어 동화책을 읽고 장난감으로 놀면서 간단한 영어 대화를 한다). 예) 영어 그림책 한 권 읽고 우리말로 스토리 설명 　　우리말 그림책 읽고 영어 문장으로 설명
저 녁	• 아이와 함께 10분 정도 영어 DVD 보고 놀이하기(영상에 나온 단어/문장/동작 따라하기, 역할극, 이야기 이어 만들기 등) • 자기 전 : 베드타임 스토리텔링 시간 갖기(자기 직전 들은 어휘나 문장은 오래도록 기억에 남는다). 예) 자기 전에 아이에게 영어 문장 들려주기. 일상적인 문장이나 동화책에서 본 좋은 문장들을 외워 두었다가 들려주면 좋다. You are the most amazing gift I have ever had in my life, my son John. / I am so happy because you made a heart for me today. / You are my sunshine my sweetie. / I love you so much 등

🍎 3단계 : 대상 - 초등 입학 후 ~ 사춘기 이전

본격적으로 학습에 흥미를 가질 수 있도록 자기주도 학습 능력을 길러 줄 때다. 하루 일과에 영어를 샌드위치 만들 듯 끼워 넣어 습관이 되도록 매일 실천한다. 엄마도 같이 단어를 외우고 아이와 함께 일기나 펜팔 등을 쓰면 엄마의 영어 실력도 는다.

오전	• 아이가 좋아하는 팝송 틀어주고 아침 잠 깨우기 • 오늘 하루 계획에 대해 영어로 대화 나누기
오후 / 저녁	• 아이와 엄마가 오늘 새로 익힌 영어 단어 각자 냉장고에 붙이기 • 아이와 각자 또는 함께 영어책 읽기(30분 이상) • DVD 시청하고 질문 주고받기 • 자기 전 엄마와 아이 각자 영어 일기 또는 펜팔 쓰기

내 아이의 영어 수준이나 성향에 맞게, 그리고 커 가는 과정에 맞게 각자의 엄마표 영어 계획을 3단계로 세워 보자. 실천할 수 있는 계획을 세우는 게 좋다.

3

육아가 수월해지는 엄마표 영어

-0세부터 말 배우는 시기까지-

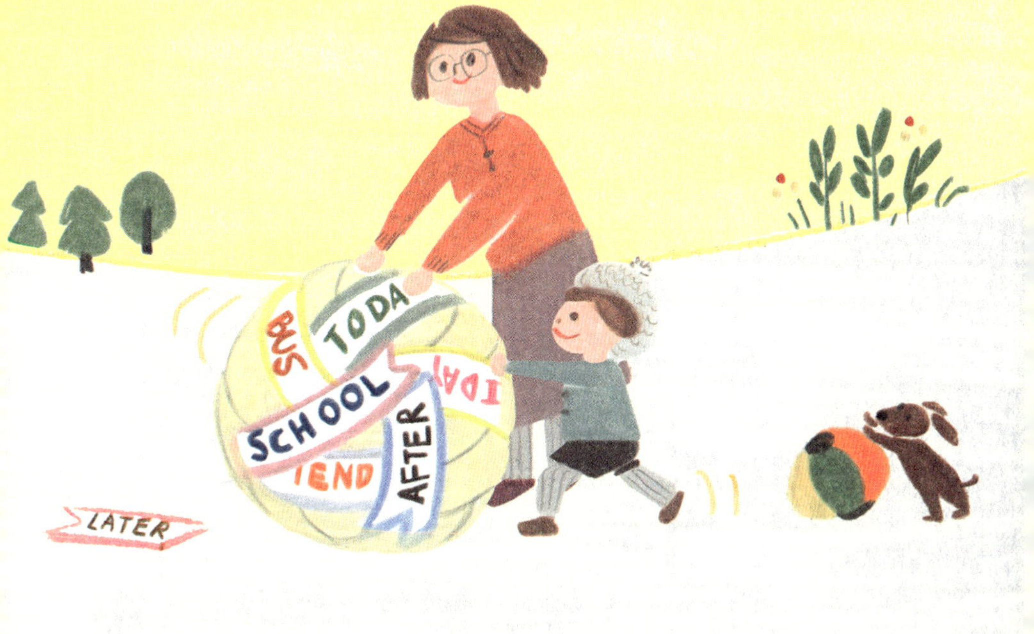

엄마의 산후 우울증을 치료하는
엄마표 영어

 나의 인생은 출산을 전후로 크게 바뀌었다. 하루 일과뿐만 아니라 삶의 태도, 심리 상태, 가치관까지 바뀌었다. 출산 전에는 내가 먹고 싶고, 가고 싶고, 하고 싶은 것들을 다 할 수 있었다. 하지만 출산 후에는 아기가 최우선이 되기 때문에 '나'를 내세울 겨를이 없다. 대부분의 엄마들이 비슷할 것이다.

'우울증'은 몸과 마음이 힘들 때 찾아온다. 그래서 '산후 우울증'이 감기처럼 흔한 건가 보다. 몸은 물 먹은 수건처럼 축 늘어지다 못해 쓰러질 것만 같고, 가슴에는 아무런 희망도 의욕도 없는 상태가 지속된다. 보통 우울한 감정이 느껴지면 밖으로 나가 바람을 쐬거나 좋아하는 일을 하는 게 좋다. 그러나 아이를 돌봐야 하는 엄마에게는 이런 여유마저 사치에 가까울 것이다.

나도 아이를 낳고 우울증을 겪었다. 아이를 낳은 지 딱 한 달 뒤, 예방접종을 위해 보건소로 첫 외출을 했다. 접수를 하며 '산모와 아이의 건강'에 대한 질문지를 받았다. 산모의 정신 건강에 관한 문항도 있었다. 아이를 키우느라 밤낮이 바뀌고 제대로 잠을 자 본 게 언제인가 싶었다. 잠커녕 끼니를 거르는 일도 허다했다. 아이를 키우는 게 이렇게 힘든 일이라는 것을 출산 전에는 전혀 상상하지 못 했다. 인생의 큰 고비라고 할 수 있는 고3, 취업준비생 시절 등은 예상 가능한 어려움이었다. 그러나 육아의 어려움은 상상조차 하지 못 했다. 어쩌면 이미 겪어 본 사람들이 힘들다고 말해 왔던 것을 한 귀로 듣고 한 귀로 흘리며, '아이가 무척 예쁘다, 행복하다' 등 듣고 싶은 말만 들었던 탓인지도 모른다.

당시 나의 정신 건강 상태가 좋지 않았는지 '산후 우울증'이라는 진단을 받았다. 한두 차례 상담을 받으며 내가 지금 얼마나 힘든지에 대해 이야기를 쏟아놓으니 마음이 후련해지는 것 같았다.

한바탕 쏟아 내고 마음에 공간이 생기자 '내가 얼마나 원했던 아이인가' 하는 생각과 아이의 예쁜 점들이 떠올랐다. 복직하고 나면 지금처럼 아이와 단둘이, 하루 종일 붙어 지낼 수 있는 시간이 언제 또 있을까 싶었다. 이 소중한 시간을 '우울한 채로 흘려보낼 수 없다'는 생각이 들었다.

초보 엄마가 '엄마'로서 할 수 있는 최선을 다했다. 그리고 남는 에너지와 여유를 어떻게 쓸지 고민했다. 아이에게 엄마가 얼마나 사랑하는지, 너로 인해 얼마나 행복한지, 세상에 아름다운 게 얼마나 많은지 말해 주었다. 그냥 말로 하면 지루해할 것 같아서 우리말 동요, 영어 동요, 클래식 등 음악과 다양한 소리, 그리고 책을 이용해 전해 주기도 했다.

아이를 돌보며 그동안 내가 꿈꿔왔던 행복하고 밝은 육아를 시작할 의지가 생기자 체력적으로도 에너지가 생기고 집안에도 생기가 돌기 시작했다. 마음을 단단히 다지며 아이에게 줄 선물을 본격적으로 준비했다. 내가 제일 좋아하는 것, 영어 말이다.

아이가 어릴 땐 먹고 자는 것 외에 할 수 있는 게 없어 보이지만, 그 시기가 아이의 잠재력을 폭발적으로 계발해 줄 수 있는 시기라는 것은 여러 책을 통해 알고 있었다. 이는 부모인 나에게 엄청난 부담으로 다가오기도 했다. 그러나 오직 아이를 위해 현재 상황에서 최선의 노력을 하자고 다짐하고 나니 미래에 대한 걱정으로부터 한결 가벼워질 수 있었다. 덕분에 나의 산후 우울증은 흔적도 없이 사라졌다.

대한민국 엄마들은 불안하다. 태어나는 순간부터 내 아이가 경쟁에서 뒤처질까 봐 불안하다. 학교 교육만으로는 남들에 비해 부족할까 걱정이다. 조기 교육은 필수라는데 늦은 것 아닐까? 사교육 없이 좋은 대학에 갈 수 있을까? 수시로 맞닥뜨리는 막막한 상황에 엄마는 아이에게 무엇을 해 줄 수 있을까?

부모의 재력과 학력이 어떻든, 아이가 가지고 태어난 씨 안에는 이미 우주보다 크고 공기보다 자유로운 세계가 들어 있다. 아름다운

꽃으로 만개할 준비가 되어 있다는 것이다.

 지금 당장 엄마가 해 줄 수 있는 것은 불안과 우울의 터널에서 빠져나와 사랑의 단비를 아낌없이 쏟아부어 주고, 아이의 잠재력이라는 줄기가 곧고 길게 뻗어 나갈 수 있도록 언어 능력이라는 튼튼한 지지대를 세워 주는 일이다. 결코 쉽지 않지만 그리 어려운 일도 아니다. 그 방법은 '올바른 방법으로 하루 단 10분 엄마표 영어를 실천하는 것'이다.

 교사가 아닌 평범한 엄마도 얼마든 할 수 있다. 엄마가 지금 놓인 상황에 최선을 다하면 아이와의 애착 형성, 잠재력 계발, 나아가 더 많은 기회를 경험하며 행복한 육아를 경험할 수 있을 것이다.

 이제부터 산후 우울증 극복에 도움도 되고, 0세 아기에게 영어에 대한 좋은 기억을 심어 줄 만한 방법을 함께 살펴보려고 한다.

엄마의 만능 도구, 동요

 모든 육아 서적에서 공통적으로 하는 이야기가 있다. 아이가 말을 알아듣든 말든 개의치 말고 자주 말을 걸어 주어야 아이의 정서 발달, 언어 발달에 도움이 된다는 내용이다. 하지만 해 본 사람은 안다. 갓 태어난 아기와의 대화는 말보다 눈빛이 훨씬 편하다는 것을. 말을 하더라도 기껏해야 "주안아, 안녕! 잘 잤어?"로 시작해 "예뻐라, 사랑해요, 맘마 먹자, 자자" 정도가 전부다. 아이를 위해서는 주절주절 수다스럽게 말해야 할 것 같은데 그럴 힘도 없고, 입을 꾹 닫고 있자니 그것도 은근히 스트레스다. 대답 없는 상대에게 일방적으로 말을 하려니 입이 잘 열리지 않고 고구마가 목에 걸린 것처럼 턱턱 막힌다. 이럴 때 '동요'는 사이다 같은 존재다.

말이나 동요나 아기가 잘 못 알아듣는 것은 마찬가지지만, 동요는 부르는 엄마도 스트레스를 덜 받고 아이도 좋아한다. 게다가 아이 정서에도 좋다니 해 볼 만하지 않을까?

나는 아이가 칭얼거릴 때마다 우리말 동요, 영어 동요 가릴 것 없이 불러 주었다. 잠투정이 심할 때는 나지막한 목소리로 잔잔한 자장가를 불러 주고, 놀 때는 아이 앞에서 재롱을 부리는 것처럼 율동까지 더해 불러 주었다. 집안일을 할 때는 나대로 흥얼거리며 불렀다. 동요를 처음 듣는 아이는 '저게 뭐지?' 하며 신기해하다가 곧 익숙해지면 방긋방긋 웃기도 하고 손을 허우적거리기도 하며 나름대로 즐겼다.

최근 〈쇼미더머니〉 등 랩퍼들이 출연하는 TV프로그램들이 인기다. 랩을 잘 모르는 사람들도 신나는 리듬을 타고 쏟아져 나오는 말을 듣고 있으면 흥이 난다. 아기들도 그렇다. 재미있는 의성어와 라임rhyme으로 이루어진 동요들을 특히 좋아한다. 리드미컬한 음과 가사가 흥을 돋우기 때문이다.

새로운 언어로 다양한 소리를 들려주면 아이는 언어 자극으로 자기만의 새로운 시냅스(신경 세포의 신경 돌기 말단이 다른 신경 세포와 접합하는 부위)를 만든다. 지속적인 자극은 시냅스를 탄탄하게 하여 향후 외국어 그릇의 용량을 넓혀 준다.

🍊 0세 아이에게 영어 동요 들려주는 방법

이제 갓 태어난 아기에게 영어 동요를 들려주는 방법은 아주 간단하다. 사실 '방법'이라고 할 것도 없다. 일단 아침에 눈 뜬 순간부터 들려주어야 하는데, 엄마가 직접 불러 주면 며칠 못 가 목이 쉬고 말 것이다. 그러니 CD플레이어나 블루투스 스피커를 이용하길 권한다.

CD플레이어나 스피커로 영어 동요를 틀어 놓는다. 1단계 끝. 이렇게 간단할 수가 없지 않은가? 시간, 장소, 타이밍 상관 없이 틀어 놓고 무조건 들려준다. 하지만 간단한 방법 뒤에는 어마어마한 목적이 있다. 바로 엄마의 '영어 동요 능력'을 향상시키는 것이다. 집 안에서 배경 음악처럼 영어 동요가 반복적으로 흘러나오면, 아무리 영어를 못하는 엄마라도 공통적인 현상을 경험하게 된다. 바로 멜로디가 머릿속에 맴도는 것이다.

노래에 익숙해질 때까지 반복해서 듣는 게 중요한데, 하던 일 다 중단하고 집중해서 들을 필요는 없다. 몇 번 불러 보다가 집안일이 바쁠 때는 다시 노래만 듣기도 하면서 몇 가지 동요와 친해지도록 해 본다. 엄마들은 아기를 돌보느라 멀티플레이형 인재가 되었기 때문에, 집안일하며 동요 듣기 정도는 해낼 수 있다.

일단 들으면서 가사는 신경 쓰지 말고 리듬과 멜로디를 익힌다. 익숙해지면 살짝 흥얼거려 보기도 한다. 이때 무슨 단어인지 안 들린다고 '내가 영어 공부 10년 헛했네, 공교육이 이래서 문제야' 하며 머리 잡아 뜯지 말자. 안 들리면 가사를 보면 된다.

　매일 반나절씩 단순한 멜로디와 쉬운 가사의 영어 동요를 반복적으로 듣다 보면 어릴 때 고무줄놀이를 하며 불렀던 우리나라 동요처럼 익숙해질 때가 올 것이다. 아침에 밥을 하면서, 남편 출근 시키면서, 아이와 눈을 맞추고 놀면서, 아이를 재우면서 반복적으로 듣다가 어느 순간 흥얼거리게 된다면, 가사를 찾아 볼 때가 온 것이다. 2단계 시작이다.

　가사를 찾아 더듬더듬 부르다 보면 동요의 의미도 파악하게 되고 더 친근하게 느껴지는 때가 오는데, 이게 외워도 좋다는 신호다. 외울 때에는 아이가 보는 앞에서 하는 게 좋다. 완벽하게 외워서 짠! 하며 불러 주고 싶을 테지만 아이와 24시간 밀착 생활하는 엄마가 어디 숨어서 외울 수 있겠는가? 그냥 아이 앞에서 대놓고 외우자. 맘마 먹이며, 기저귀를 갈아주며, 베이비 마사지를 해 주며 외우면 엄마도 좋고 아이도 좋고 기분도 좋아지는 '육아 노동요'가 따로 없다.

　학창시절에는 두세 번만 읽고 따라 부르면 외워지던 게, 열 번 넘게 따라 해도 외워지지 않을 수 있다. 우리는 출산 시 아기와 함께 기억력을 쏟아내지 않았는가. 그래도 좌절하지 마시라. 내가 써 본 방법 중 최고는 내 시선이 머무는 곳마다 가사를 붙여 놓고 외우는 것이다. 냉장고, 싱크대 서랍장, 화장실 거울, 아이 침대 머리맡 등. 육아에 치이다 보면 동요 가사를 외워야 한다는 사실조차 잊을 때가 많은데 그때마다 가사가 눈에 보이면 잊으려야 잊을 수 없다.

요즘은 아무리 오래된 노래라도 인터넷을 찾으면 가사가 다 나온다. 지금까지 지겹게 들은 동요의 가사를 찾아 프린트해도 좋고 손으로 적어도 좋다. 스마트폰 메모장에 옮겨 놓아도 좋다. 잘 보이는 곳에 가사를 붙여 두고 따라 불러 보자. 자연스레 흥얼거릴 정도로 익숙해진 노래는 가사를 외우기 더 쉽다. 다시 한 번 말하지만, 영유아 대상의 동요에는 영어 단어도 몇 개 안 쓰이고, 반복이 많기 때문에 웬만하면 다 외울 수 있다.

유튜브에서 검색하면 〈Twinkle Twinkle Little Star(반짝 반짝 작은 별)〉가 있으니 당장 찾아보자.

>Twinkle twinkle little star, 반짝 반짝 작은 별,
>How I wonder what you are. 네가 누군지 참 궁금하구나.
>Up above the world so high 저 높은 곳에 있는
>Like a diamond in the sky 하늘의 다이아몬드 같은
>Twinkle twinkle little star 반짝 반짝 작은 별,
>How I wonder what you are. 네가 누군지 참 궁금하구나.

이 정도 동요를 안 보고도 부를 수 있을 정도가 되면 과감하게 3단계를 시도해 본다.

🍊 영어 동요 부르기의 핵심 단계

아직 끝난 게 아니다. 3단계 '가사 바꿔 부르기'가 남았는데, 이 단계는 영어 말하기를 잘하기 위한 중간 단계라고 볼 수 있다. 이 연습을 하지 않으면 해당 동요만 기계적으로 암기하는 것에 그칠 수 있다.

피아노 치는 것으로 비유하자면 왼손, 오른손 도레미파솔만 치면 아름다운 음악을 연주할 수 없다. 동요 〈나비야〉도 쳐 보고, 〈학교종이 땡땡땡〉도 쳐 봐야 더 화려한 기교의 클래식이나 팝송을 연습할 수 있다.

어떻게 영어 가사 바꿔 부르기가 영어 말하기로 연결되는지 확인해 보자.

위의 동요 〈Twinkle twinkle little star〉의 가사 중 한 단어만 바꾸어 부른다면 어떤 단어를 바꾸면 좋을까? 나라면 star 대신에 아들 이름을 넣어서 부를 것이다. 예를 들어 아들 이름이 수영이라면 뒷 글자 영을 따서 아래와 같이 가사를 바꿀 수 있다.

    Twinkle twinkle little Young.
    How I wonder what you are.
    Up above the world so high
    Like a diamond in the sky
    Twinkle twinkle little Young

How I wonder what you are.

이렇게 나와 관련된 단어도 바꾸면 그 단어와 문장이 자기화(외부의 자극을 자신의 경험과 연결 지어 이해하는 것)되어 진짜로 '내 것'이 된다. 내가 가사를 바꿔 부르기 전에는 그저 아무나 다 부를 수 있는 동요였지만, 가사를 나에게 맞는 가사로 바꿔 부르면서 이전과 다른 의미가 되고 나만의 문장이 되는 것이다.

그 밖에도 다양하게 가사를 바꾸어 불러 볼 수 있다. 예를 들자면,
Twinkle 대신 Shining
Little 대신 Big Big
Diamond 대신 Round Moon
Sky 대신 Dark 를 넣어도 된다.

이 단계를 엄마가 직접 경험해 보면 나중에 아이가 영어 노래를 흥얼거리는 수준이 되었을 때 쉽게 방법을 전수해 줄 수 있다. 영어 노래 가사 바꾸기 연습을 한 번만 더 해 보자.

내가 아이에게 자주 불러주는 동요 〈Bingo〉의 가사다.

There was a farmer, had a dog
and Bingo was his name O
B I N G O

BINGO

BINGO

and Bingo was his name O

    유명한 노래지만, 혹시 잘 모른다면 유튜브에서 검색해 보면 쉽게 들을 수 있다. 익숙해질 때까지 노래를 들었다면 이제 어떤 단어를 바꾸면 좋을지 생각해 볼 차례다. 예를 들자면,

There was a mother, had a son

and Johny was his name Y

J O H N Y,

J O H N Y,

J O H N Y,

and Johny was his name Y

    이렇게 바꿀 것이다. farmer 대신 mother를, dog 대신 son을, Bingo 대신 Johny를 넣어서 바꾸어 본 노랫말이다. 말로 풀어 쓰니 대단히 어려운 것처럼 느껴질 수도 있다. 하지만 실제로 해 보면 중학교 영어 문법과 단어 정도만 알면 가능하고, 그 과정에서 자연스럽게 문장 패턴 연습도 된다. 이는 자신이 말하고자 하는 바를 자유자재로 말할 수 있도록 연습하는 훌륭한 방법이다. 노래 가사 바꾸는

연습이 익숙해져 잘하게 되면 단순히 외워서 부르기보다 가사 바꿔 부르기에 재미를 붙이게 될 것이다. 다음은 영유아에게 불러주기 좋은 '미규노 추천 동요 꼭꼭'이나. 별 개수도 난이도를 표시했으니 참고하여 나만의 플레이 리스트를 만들어 보자.

난이도 ★
우리에게 매우 익숙한 멜로디. 한 문장 안에 단어가 5개 이하이며 생소한 단어는 거의 없음

1. Where is Thumbkin
2. Twinkle Twinkle Little Star
3. Bingo
4. Good Morning
5. What are you wearing?
6. Ten Little fingers
7. Days of the week
8. Now tall, Now small
9. Walking, Walking
10. If you're Happy
11. Reach for the Sky
12. Head and shoulders
13. Teddy Bear
14. Good night

15 All night All day

16 The Finger Family

17 Ten little Indians

18 Head, Shoulders, Knees and Toes

19 Rain, Rain, Go away

20 Mary wore her Red dress

21 Apples and Bananas

22 Polly, Put the Kettle on

23 The Muffin Man

24 Are You Sleeping?

25 One, Two, Buckle My Shoe

26 Did you Ever See a Lassie?

난이도 ★★
가사의 대부분이 짧은 문장으로 이루어져 있지만,
단어 7~9개로 이루어진 문장이 1개 정도 있음. 생소한 단어가 1개 정도.

1 Clap your hands

2 Three Little Monkeys

3 Little Peter Rabbit

4 The Finger Band

5 Old MacDonald had a Farm

6 Hush little Baby

7 Pat-a-Cake

8 Round and Round the Garden

9 Row, row, row your boat

10 The Wheels on the Bus

11 Hot cross buns

12 Baa, Baa, Black Sheep

13 Skip to My Lou

14 The More We Get Together

15 A Sailor Went to Sea

16 Bow, Wow, Says the Dog

난이도 ★★★
단어 7~9개 정도로 이루어진 문장이 1개 이상 있고 생소한 단어가 2~3개 있음

1 Eentsy Weentsy Spider

2 Hickory, Dickory Dock

3 Down by the Station

4 Mary, Mary, Quite Contrary

5 A-Tisket, A-Tasket

6 One, Two, Three, Four, Five

7 Five Little Speckled Frogs

8 Little Miss Muffet

9 Miss Polly Had a Dolly

10 There was a Crooked Man

🍎 영어 동요로 엄마와 아이의 귀를 말랑하게!

1. 잔잔한 배경음악처럼 CD를 틀어 놓아 엄마와 아이 모두 귀에 익숙해질 정도로 듣기
2. 그중 가장 마음에 드는 동요의 가사를 적어서 아기 침대 머리맡에 붙이기
3. 틈날 때마다 따라 부르며 외우기. 이때 아기가 듣는 곳에서 부르면 일석이조!
4. 완벽히 외우면 아이 이름을 넣거나 다른 단어로 바꾸어서 불러준다

리모컨 장례식을 치르자

　　　　　　　　　　　나는 어릴 때부터 하루 평균 4시간 이상 TV를 봤다. 많이 볼 때는 거의 하루 종일 TV 앞에 앉아 있었던 TV중독자였다. 해야 할 일이 있어도 TV의 유혹은 뿌리치기 힘들었다. 한 프로를 보고 나면 자연스럽게 리모컨으로 채널을 돌리는 내 자신이 싫었지만 습관은 쉽게 바뀌지 않았다. 결혼하고 아이를 임신하고 나서야 더 이상 나의 TV중독을 방치해서는 안 된다는 생각이 들었다.

　대한민국의 일반적인 가정집 거실에 있는 공통된 물건은 무엇일까? 바로 TV일 것이다. 아침에 눈을 뜨면 TV를 틀고 직장 다녀오면 으레 TV를 본다. TV가 하루 일과에 자연스럽게 끼어드는 것이다.

　어떤 가정의 거실을 묘사할 테니 상상해 보자. TV가 한쪽 벽면 가운데에 크게 걸려 있고, 맞은편 벽면에는 소파가 놓여 있다.

또 다른 한 가정의 거실은 한쪽 벽면 전체가 책장으로 가득하다. 책장 앞에는 책을 읽고 공부할 수 있는 책상이 있고, 그 주변으로 가족 구성원 수에 맞게 의자도 있다.

이 두 가정의 일상생활이 상상이 되는가? 그렇다. 처음 가정의 구성원들은 여가 시간에 주로 TV를 시청할 것이고, 두 번째 가정의 식구들은 여가 시간 거실에 모여 독서를 할 것이다.

지금 이 책을 읽고 있는 독자의 거실 가장 넓은 벽면에는 무엇이 있는가?

아이를 TV와 멀게, 책과 가까이 키우려면 그에 맞는 환경을 만들어 주어야 한다. TV를 중심에서 외곽으로 보내야 한다. TV가 거실에 있으면 다른 식구들이 볼 때 아이도 함께 보게 된다. 어른도 참기 힘든 TV의 유혹 앞에 아이들은 특히 취약하다. 시선도 시간도 빼앗기기 쉽다. TV를 아예 없애는 것도 좋은 방법인데, 이렇게 TV를 치우려면 나머지 가족들의 반대와 싸워 이겨야 한다. 성공적인 아이 교육을 위해 TV, 혹은 TV중독자와의 전쟁은 필수다. 남편과 아이들에게 TV를 없앴을 때 좋은 점을 설명하며 양해를 구해 보자. 그래도 설득하기 힘들다면 일주일만이라도 체험해 보자고 설득하자.

TV 자체를 없애는 것이 현실적으로 어렵다면 리모컨을 없애는 것도 방법이다. 사실 TV를 몇 시간이고 꼼짝 않고 볼 수 있게 만드는 것은 리모컨이다. 보던 프로그램이 끝나고 손가락만 까딱하면 다

른 재미있는 프로그램을 볼 수 있다. 손에 든 편리한 리모컨이 더욱 몸을 일으키기 어렵게 만드는 것이다. 리모컨이 없다면 수시로 몸을 일으켜 TV 앞으로 가 채널을 돌려야 하는데, 작정하고 TV만 보기로 한 사람이 아니라면 채널 돌리러 가느라 맥이 끊긴 순간 다음 할 일이 생각날 것이다.

    리모컨만 없애도 TV를 앞두고 발동하는 '자동 운전 모드'를 멈출 수 있다. 아이들과 함께 '리모컨 장례식'을 치르자. 고장이 나서 다시 살릴 수 없다고 설명한 뒤 리모컨에게 안녕을 고한다. 이로써 리모컨이 좁혀 주었던 TV와의 거리가 멀어졌다. 리모컨 장례식으로 심리적으로도 TV와 멀어지는 계기를 가지자.

TV 리모컨 장례식을 치른 후 내 삶은 180도로 달라졌다. TV를 끄자 음악을 틀게 되고 책을 더 보게 되었다. 취미 생활을 즐길 시간도 생겼다. TV를 보는 시간이 확 줄어들자 계획한 일을 실행할 수 있게 되었고, 보다 생산적인 일에 투자할 여유가 생겼다. 가장 중요한 변화는 바로 생활 자세가 수동 모드에서 능동 모드로 바뀐 것이다. TV를 끄고 나니 나를 옭아맸던 것에서 벗어난 기분이었다.

냉정하게 말해서 TV를 보는 시간이 하루 평균 2시간 이상이라면 엄마표 영어를 성공하기 힘들다. 직장 일과 살림을 병행하는 워킹맘이라면 더욱 그렇다. 꼭 TV 시청이 아니라 하더라도 중독된 것처럼 사소한 일에 시간을 쏟아붓는 경우가 있다. 스마트폰을 만지거나, 컴퓨터로 가십 기사를 찾는 등 몇몇 사소한 것들만 줄여도 하루 30분 정도 자투리 시간을 만들 수 있다. 엄마표 영어를 우선순위에 두고 실천하려면 이런 사소한 중독들을 끊어 내야 한다.

엄마표 영어를 시작하려고 하는데 단 10~20분의 시간도 없다고 느껴진다면, 하루 생활을 한 번 돌아보자. 마치 CCTV를 찍는다고 생각하고 일과를 기록으로 남겨 보면 분명 생산적으로 쓸 수 있는 자투리 시간들이 보일 것이다. 그 시간들을 모으기만 해도 엄마표 영어를 하기에 충분하다. 여기에 하루 일과를 기록해 보자.

	오늘 한 일	중요도	저축 가능한 시간
오전 (기상~ 점심 식사)			
오후 (점심 식사~ 아기 재우기 전)			
아기 재운 뒤 (늦은 밤~ 새벽)			

· 중요도에는 '엄마표 영어'보다 중요한 일이면 O, 그렇지 않은 경우 X. 중요도가 X인 일을 하지 않았을 때 얻을 수 있는 시간을 '저축 가능한 시간'에 적는다.

엄마가
직접 책 고르는 방법

 중국에서 친하게 지내던 친구가 있었다. 그 친구와 나는 이웃에 살면서 종종 함께 장을 보고 음식을 해 먹었는데, 그 친구는 나에게 중국 음식을 직접 요리해 주는 것을 좋아했다. 하루는 함께 마트에 가서 장을 봤다. 나는 마트에서 그녀의 모습을 보고 충격을 받았다. 장을 볼 때 그녀처럼 물건을 빨리 골라서 나오는 사람은 처음 봤기 때문이다. 집 앞에 있는 마트였는데, 매장 크기는 우리나라에서 흔히 대형마트라고 부르는 수준이었다. 그러나 그녀는 장바구니도 들지 않은 채 오늘 요리에 필요한 식재료를 단 1초의 망설임도 없이 집어 들고 계산대 앞으로 가더니 계산까지 마쳤다. 나는 그녀의 걸음을 따라가기에도 바빴다. 장 보는 데 걸린 시간은 10분도 채 되지 않았다. 나와는 너무나 다른 쇼핑 방법에 너털웃음마저 나왔다. 나의 장보기는 기본이 1시간이다. 필요한 물건 리스트가 있어도 바로 사지 못 한다. 브랜드마다 각각 비교해 보고, 뒷면의 긴 성분을 꼼꼼하게 따져 본다. 이왕이면 디자인도 가장 예쁜 것으로 골라야 한다. 가격도 개당 가격을 확인해서 가성비가 높은 것으로 고른다. 이렇게 쇼핑을 하면 예상했던 시간보다 훨씬 늦게 마트를 나선다.

쇼핑 시간이 오래 걸리는 이유는 주어진 조건에서 최상의 물건을 고르겠다는 생각 때문이다. 그것이 합리적인 방법일 수는 있지만, 경제적인 방법은 아니라는 사실을 아이를 낳고 알게 되었다. 아이를 낳고 나면 살 게 너무 많다. 아이와 함께 외출하기가 힘드니 주로 인터넷으로 물건을 산다. 보통 아이가 낮잠 자는 시간을 이용해 인터넷 쇼핑을 하는데, 아이를 키워 본 사람이면 다 알 것이다. 이 시간이 얼마나 소중한 시간인지. 아이가 잠든 틈을 타 엄마는 밀린 집안일과 식사를 해결해야 한다. 조금의 시간이라도 남으면 쪽잠을 자기도 한다. 헌데 이 금쪽 같은 시간을 인터넷 쇼핑에 다 빼앗기는 경우가 허다했다.

이것저것 장바구니에 담고 비교하느라 주문도 채 못 끝냈는데, 알람소리보다 더 무서운 아이의 울음소리가 들리면 정말이지 '멘붕'이다. 헉! 아직 하나도 못 샀는데! 쉬지도 못 했는데!

이래서 나는 쇼핑을 별로 좋아하지 않는 편이다. 예전에는 몰랐지만 내가 완벽한 선택을 위해 지나치게 오랜 시간 쇼핑을 한다는 사실을 깨닫고 난 뒤에 특히 그렇다. 간단한 물건 하나를 사는데도 시간이 너무 오래 걸리고, 에너지를 너무 많이 써서 지치는 것이다. 그래서 최근에는 쇼핑의 목적을 분명히 한 뒤, 시간을 제한해 두고 그 시간 내에 물건을 고르고 있다.

내가 쇼핑을 위해 정한 룰이 있다.

1. 타이머 세팅하기(검색 시간제한)
2. 검색어 설정(딴짓 방지)
3. 구매 금액 범위 정하기(충동구매 방지)

이렇게 원칙을 정하고 나서는 인터넷 쇼핑 시간이 30분 이하로 줄고 피로도도 줄었다.

엄마표 영어를 위해 꼭 필요한 것이 영어 동화책인데, 모든 육아용품이 처음이지만, 영어 동화 역시 '어떤 것을 사야 좋을지' 고민이 되는 아이템이다. 위의 원칙을 지키지 않고 구매하려고 달려든다면 이 쇼핑에 들일 수 있는 시간은 한도 끝도 없을 것이다. 따라서 위의 원칙은 아이의 교재를 고를 때에도 그대로 적용된다.

우리 아이의 첫 영어책을 고를 때 제일 먼저 타이머를 10분으로 설정하고 가격은 3만 원 이하로 설정했다. 아이에게 동화책을 읽어줄 때 보드북이 아닌 책은 찢거나 입으로 가져가 쉽게 망가졌기 때문에 필수 조건은 '보드북을 고를 것'이었다. 두 번째 조건은 '그림과 글이 선명한 것'. 그 다음으로는 영어 원서는 가격 부담이 크므로 중고책이어야 했다. 이렇게 세 가지 조건을 정하고 고른 그림책이 '개똥이네'라는 사이트에서 '아기 영어 보드북 그림책' 검색어로 구매한 이 책들이었다.

나는 나만의 기준에 맞춰 구매한 책들을 한글 그림책과 함께 곁들여 아들에게 보여 주었다. 이 중에서 아들이 가장 흥미를 보인 책은 『Good Night Gorilla』였다. 그림을 따라가다 보면 스토리를 덧붙이기도 쉽고 단어도 'Good night gorilla, Good night elephant, Good night giraffe' 등 쉬운 것들이 반복되었다. 아이는 자기 수준에 잘 맞는 책을 읽어 줄 때 제일 좋아했다.

아기 영어 동화책을 고를 때 정답은 '내가 읽어 주기 좋은 책'이다. 누군가의 추천 도서는 말 그대로 추천일 뿐이다. 성인을 위한 책들 중에도 추천 도서라고 해서 읽었는데 후회했던 것이 참 많았다. 나의 흥미와 나의 관심사는 자신이 가장 잘 안다. 내 아이를 위한 영어 책을 고를 때에도 마찬가지다. 지나치게 전문가나 고수의 추천을 믿거나 그 목록에만 기대는 태도는 바람직하지 않다.

믿기 힘들겠지만 당신은 아이를 위한 영어책을 고르기 위해 갖추어야 할 기본 소양과 지식을 이미 넘치도록 가지고 있다. 내 말을 못 믿겠다면 지금 한번 직접 골라 보자.

사진의 그림책 두 권 중 영어를 전혀 모르는 아기에게 보여 줄 만한 책은 무엇일까?

대부분 아래의 『Good night, Gorilla』를 고를 것이다. 그게 더 적절하다. 오른쪽의 책은 딱 봐도 아기에게 읽어 주기에는 길고 복잡해 보인다. 앞서 정한 원칙을 지키는 선에서 지금처럼 직관적으로 고르면 된다. 아이를 위해 책을 구매하는 엄마가 가장 중요하게 고려해야 할 것은 단 두 가지이다. 아이의 수준과 흥미. 이를 바탕으로 엄마의 느낌을 믿고 구매하면 된다. 이후 가장 중요한 것은 신나게 읽어 주기!

내 아이를 위한 책을 고를 때 기준으로 삼을 요인을 외부에서 찾

『Good night, Gorilla』
글·그림: Peggy Rathmann
출판사: PenguinUSA

지 말자. 추천 도서는 추천 도서일 뿐. 눈으로 직접 보고, 우리 아이가 좋아할 만한 것은 무엇인지, 내가 잘 읽어 줄 수 있는 책은 무엇인지 골라 보자. 그냥 한국어로 적힌 동화책을 고르는 것과 똑같은 기분이면 된다. 당연히 아기들은 복잡한 이야기를 이해하기 힘들다. 단순한 이야기 구조나 까꿍놀이peek a boo처럼 아기에게 재미를 줄 수 있는 책이 좋다. 평소 아기가 좋아하는 동물이나 과일 그림이 있는 책도 좋다. 그렇게 몇 권정도 읽어 준 뒤, 아이의 반응을 살펴 의성어가 많

『We're Going on a Bear Hunt』
글·그림: Michael Rosen,
 Helen Oxenbury
출판사: WalkerBooks

이 나오는 책을 좋아하는지, 동물이나 과일이 나오는 책을 좋아하는지 파악하면 된다.

　오른쪽의 책 목록은 대학원에서 공부할 때 교수님이 추천해 준 책, 우리나라에서 흔히 추천 도서라고 부르는 책들 중 내가 직접 검수하고 내 아이에게 읽어 준 뒤 여러 모로 효과가 있었던 책들의 목록이다. 참고하여 내 아이를 위한 도서 목록을 만들어 보자.

Baby's Favorite Books

1. The Very Hungry Caterpillar By Eric Carle
2. Where's Spot? By Eric Hill
3. Good Night, Gorilla By Peggy Rathmann
4. My Big Animal Book By Roger Priddy
5. Polar Bear, Polar Bear, What Do You Hear? By Bill Martin Jr./Eric Carle
6. The Very Quiet Cricket Board Book By Eric Carle
7. Go, Dog. Go! By P.D. Eastman
8. If You Give a Mouse a Cookie By Laura Joffe Numeroff
9. Head, Shoulders, Knees and Toes... By Annie Kubler
10. How Do Dinosaurs Say Good Night? By Jane Yolen
11. Giraffes Can't Dance By Giles Andreae
12. The Very Busy Spider By Eric Carle
13. Cloudy With a Chance of Meatballs By Judi Barrett
14. Green Eggs & Ham By Dr. Seuss
15. The Rainbow Fish By Marcus Pfister
16. One Fish Two Fish Red Fish Blue Fish By Dr. Seuss
17. The Giving Tree By Shel Silverstein

18 I Just Forgot By Mercer Mayer

19 Brown Bear, Brown Bear, What Do You See? By Bill Martin Jr. | Eric Carle

20 Where the Wild Things Are By Maurice Sendak

21 May I Please Have a Cookie? By Jennifer E. Morris

22 Chicka Chicka Boom Boom By Bill Martin Jr. | John Archambault/Lois Ehlert

23 Love You Forever By Robert Munsch

24 Are You My Mother? By P.D. Eastman

25 Corduroy By Don Freeman

26 Five Little Monkeys Jumping on the Bed By Eileen Christelow

27 In the Tall, Tall Grass By Denise Fleming

28 Guess How Much I Love You By Sam McBratney

29 Goodnight Moon By Margaret Wise Brown | Clement Hurd

30 No. David! By David Shannon

31 Rosie's Walk By Pat Hutchins

32 Color Zoo By Lois Elhert

33 Not A Box By Antoinette Portis

34 Go away Big Green Monster By Ed Emberley

35 Little blue and little yellow By Leo Lionni

육아가 수월해지는 엄마표 영어

엄마표 영어 놀이

 아이가 아주 어릴 때부터 영어를 친근하게 느끼도록 돕고 싶다면, 그때 활용할 수 있는 가장 좋은 도구는 '동요'이다. 그렇다면 아이에게 영어를 가르칠 수 있을 정도가 되었을 때 가장 좋은 도구는? 바로 재미있고 즐겁게 가르칠 수 있는 '놀이'이다. 초등학교가 상급 학교와 다른 점이 바로 새로운 것을 재미있게 배우도록 한다는 것 아닐까.

실제로 초등학교 저학년부터 고학년까지 영어를 가르치기 위해 수많은 놀이를 활용한다. 이제부터 내가 실제로 수업 시간에 활용했던 놀이를 상황에 맞게 변형하거나, 내 아이와 직접 만들어 시도해 본 놀이 등 다양한 엄마표 영어 놀이를 소개할 예정이다.

아이의 영어 수준에 따라, 혹은 연령에 따라 추천할 만한 놀이 방법들을 소개할 텐데, 모두 절대적인 기준은 아니다. 10년 이상 아이들을 가르쳐 본 결과 '이 정도면 적절하겠다' 하는 개인적인 기준으로 분류해 두었으니, 각자 상황에 맞게 활용해 보면 좋겠다.

우선 초등교사가 소개하는 놀이라고 해서 거창한 기술을 필요로 하거나, 전문 지식이 있어야만 가능한 게 아니니 쉽게 생각하면 좋겠다. 그래도 어렵게 느껴진다면 엄마표 영어 놀이를 '요리'처럼 생각해 보자.

1. 메인 요리를 정한다. 샐러드, 잡채, 오므라이스 등 메뉴를 정하듯 어떤 게임을 할지 정하는 것이다. Bingo Game, Go Touch, Snatch Game ……
2. 야채, 달걀, 식용유 등 요리에 필요한 식재료를 준비하듯 놀이 재료를 준비한다. 동요, 영어 카드, DVD, 영어 그림책 등이 있다.
3. 이 책의 놀이 설명을 마치 레시피를 보듯 따라한다.
4. 요리를 반복해서 몇 번 하다 보면 레시피가 없어도 익숙하게 할 수 있다. 영어 놀이도 마찬가지다.
5. 레시피에 익숙해지면 응용도 가능해진다. 영어 놀이 방법을 숙지했으면 평소 사용하는 맘톡을 적절히 섞어 다른 놀이로 응용해 본다.

그럼 각 장마다 수준(연령대)에 맞는 놀이 방법을 소개할 테니, 재미있게 활용해 보자!

엄마랑 아이랑 영어 짝꿍 놀이
1단계 : 0세부터 3세까지 활용하면 좋은 영어 놀이

 이 단계는 상호작용이 필요한 놀이라기보다 '아이와 놀아 준다'는 표현이 더 적절할 듯하다. 동요를 들려주거나 초점책을 보여 주는 것과 비슷하게 접근해 보자.

🍎 알파벳 카드 보여 주기

A-apple, B-ball, C-cat 등 단어 카드 준비

아이에게 단어 카드를 천천히 하나씩 보여 준다. 그리고 천천히 읽어 준다. 나는 아기가 카드를 보고 있는지 확인하기 위해 왼쪽에서 오른쪽으로 천천히 카드를 이동하면서 보여 주었다. 카드의 움직임에 따라 아기의 눈동자가 이동하면 집중하고 있다는 것!

누워만 있는 아이라면 모빌을 활용하는 방법도 있다.

① 알파벳 카드를 준비해 순서대로 하나씩 보여 주며 소리내어 읽어 준다.
② 영어 공부로 접근하기보다 그림 카드를 보여 주듯 가볍게 시작한다. 하루에 3개 정도 보여 주되 반드시 순서대로 보여줄 것.
③ 소리내어 읽어 주는 것이 중요하다.

습득 어휘 : A, B, C 등 알파벳

t i p s : 카드를 천천히 움직이면서 보여 주면 아이가 카드에 집중하고 있는지 엄마가 확인할 수 있다.

응　　용 : 엄마가 카드를 선택하면 아빠가 읽는다. 엄마 아빠가 상호작용하면서 학습하는 모습을 보이면 아기는 그 모습을 놀이로 인식한다.

🍎 모루철사로 알파벳 놀이하기

모루철사는 털로 덮여 있는 철사라 안전하고 이리 저리 구부리면서 모양을 만들기 좋다. 아기에게 놀이로써 문자를 인식시키기에 더없이 좋은 재료다.

① Mom says : This is A. (이건 A라는 거야.)
② A를 들고 아이에게 발음을 알려 준다.
③ 두 손을 모아 뾰족하게 만들면서 "This is A"라고 말한다.
④ "This is A"라고 말하면서 아이의 손바닥에 A를 그려 준다.
 아이는 엄마와 스킨십을 하고 손운동을 하며 즐거운 놀이처럼 알파벳을 접한다. 이런 시간을 통해 아이 무의식 속에 '알파벳은 재미있는 놀이 도구다'라는 이미지를 만들어 준다.

응   용 : 알파벳뿐만 아니라 숫자 만들기를 하면서 one, two, three 등을 알려 줄 수 있다.

🍎 손가락 인형으로 인사하기

역할 놀이를 통해 감정을 이입하고 말을 따라하는 아기들을 위한 놀이다.

① 손가락을 하나씩 소개한다.

(엄지 손가락을 흔들며) Daddy.
(검지 손가락을 흔들며) Mommy.
(중지 손가락을 흔들며) Brother.
(약지 손가락을 흔들며) Sister.
(새끼 손가락을 흔들며) Baby!
② 한 손이 질문하고 한 손이 대답한다.

A : Daddy, daddy where are you? (아빠, 아빠, 어디 있어요?)
B : Here I am, here I am. How do you do? (여기, 여기 있지. 안녕?)
나머지 손가락도 자기소개와 인사를 한다.
③ Finger family 노래를 들려주면서 손가락 놀이를 한다.
"Daddy finger, daddy finger where are you? Here I am, here I am. How do you do?"
Daddy finger 대신 mommy/brother/sister/baby를 넣어 불러 준다.
④ 아기와 대화를 시도한다.
- Mom says : "This is Daddy finger. Say hi!" (아빠 손가락이야. '안녕' 해 봐!)
- Baby says : Hi~!

습득 어휘 : daddy, mommy, brother, sister, baby
연습 문장 : Where are you?
응   용 : 도, 레, 미, 파, 솔 또는 1, 2, 3, 4, 5 등을 가르쳐 주기에 좋다. 왼손으로 "Where is 'Do'"? 하고 물으면 오른손 엄지로 "Here I am" 또는 간단히 "Here" 하면서 대답하는 식이다.

🍎 일부분만 보여 주고 추측하기

A4 용지에 구멍을 뚫어서 그림의 일부분만 보여 주고 그것이 무엇인지 추측하는 놀이다. 영어 문장을 배울 뿐만 아니라, 부분을 보고 전체를 유추하게 하는 효과도 있다. 사진이나 그림이 선명한 책으로 아이와 함께 시도해 보자. 여러 번 봤던 책이어도 상관없다.

① A4 용지, 가위, 책을 준비한다.
② A4 용지에 구멍을 뚫는다.
③ 동그란 구멍을 통해 물체의 일부분을 보며 아이와 대화한다.
- Mom says : What is this? (이게 뭐지?)
  Oh? Is it a cat? (고양이인가?)
  Is it a doll? (인형인가?)
- Baby says : It's a dog! (강아지에요!)
- Mom says : (전체 그림을 보여 주며) Oh! Yes! It's a dog!
④ 정답을 맞힌 뒤 격하게 안아 주는 것을 잊지 않는다. 아이는 이런 칭찬과 사랑이 담긴 포옹을 통해 엄마와 함께하는 영어가 즐겁다는 인식을 갖는다.

습득 어휘 : dog
연습 문장 : Is it ___?
응   용 : 아직 말을 트지 못 한 아이에게는 그림 맞히기 놀이도 좋다. 일부분만 보고 전체 그림이 무엇인지 가리키게 하는 것이다.

4

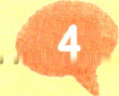

영어 학습의 기초 체력, 엄마표 영어로 단련하기!

- 3세부터 5세까지-

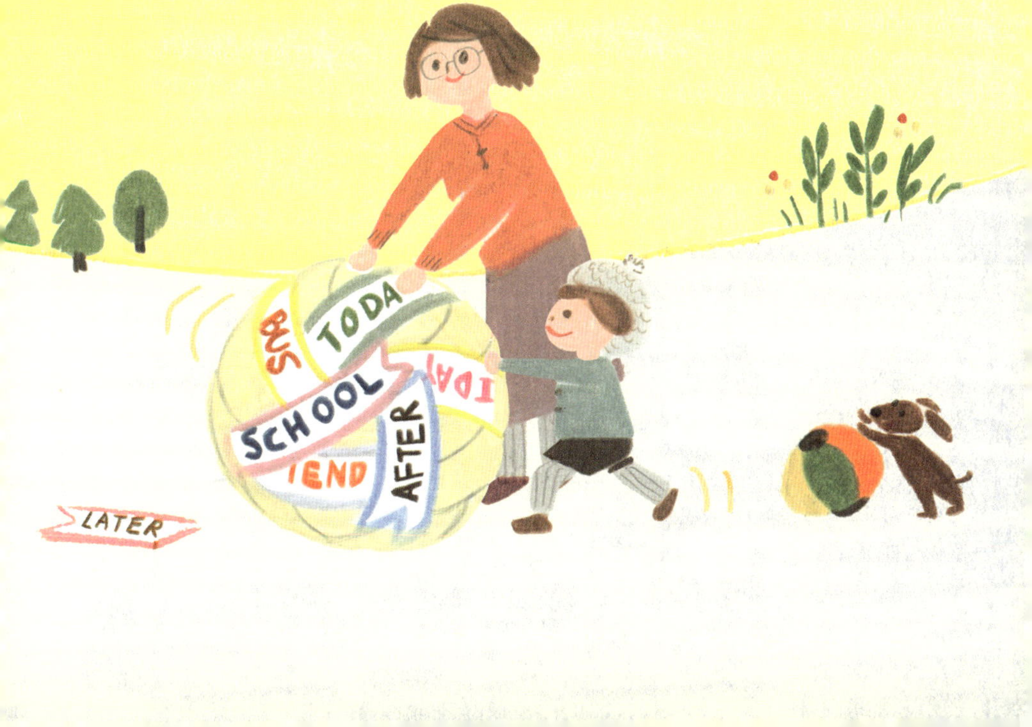

쉽게 기억하는 이유

 아직 어린 아기에게 영어를 가르칠 때 기억해야 할 두 가지가 있다.

첫째는, 아기는 단순 반복을 좋아한다. 아기들은 단순한 행동을 끊임없이 반복하면서 자신이 발견한 세상의 이치를 확인하고 원인과 결과를 파악한다. 반복적인 행동에 안정감과 만족감을 느끼기도 한다. 영국의 모 방송국은 이런 아기들의 특성을 잘 알고 있었던 게 분명하다. 전 세계적으로 히트를 친 TV 프로그램인 〈텔레토비〉는 어른들이 보기에는 아무런 재미도 없고 극적인 상황도 없다. 대사라고 하기에도 애매한 짧은 말들을 반복하고, 단순한 행동들을 보여 주어 지겹게 느껴지기도 한다. 하지만 아기들은 그 단순한 행동들 때문에 까르르 웃어 가며 집중한다. 아기들은 작은 변화도 재미있다고 느끼고 그것을 반복적으로 보며 즐거워한다.

둘째는, 아기들은 이미 '공부 전문가'이다. 어른들은 세상에 나가 일을 하고 전문 분야를 개척하여 성과를 낸다. 하지만 아기들에게는 세상을 알아가고 배우는 것이 유일하고 중요한 '할 일'이다.

대개 어른이 아이보다 외국어 학습에 유리하다고 하는 주장은 얼핏 보면 맞는 것 같다. 아기와 어른이 새로운 단어 10개 외우기 시합을 하면 당연히 어른이 이길 것이다. 단어를 암기하는 전략이 아이보다 어른이 뛰어나기 때문이다. 하지만 대상 단어를 단순 학습이 아니라 '내 것'으로 만드는 것은 별개의 문제다.

아기들은 아무것도 모르는 상태로 태어나 새로운 자극과 정보를 습득하는 데 하루 종일을 보낸다. 먹고 자고 노는 시간에도 끊임없이 세상을 관찰하고 공부한다. 그런 아기들이야 말로 '공부 전문가'이다. 이런 시기에 언어를 습득하는 것은 어른들이 공부를 하는 것에 비교할 수 없이 폭발적인 결과를 가져온다.

단어를 가지고 하루 종일 노는 아이는 그 한 단어를 말하고 듣고 읽고 쓰기까지 의식적, 무의식적으로 끊임없이 반복한다. 여기에다 책에서, 엄마 입에서, 아빠 입에서 그 단어가 나온다면? 계속 반복되는 단어를 습득한 아이는 자연스럽게 듣고 말하는 것까지 연결하게 된다. 게다가 아이는 머릿속에 문법 감시자도 없고, 감정 여과기도 없다. 무언가 습득하기에 최적의 환경이다.

단어 암기, 우뇌의 힘

이렇게 반복을 좋아하고 새로운 자극을 연구로 연결시키는 등 '공부'에 최적화된 연령대의 아이들이 더 쉽게 단어를 외우려면 우뇌를 활용하길 권하고 싶다. 우뇌를 적극적으로 활용하면 무엇이든 쉽게, 그리고 오랫동안 기억할 수 있다. 흔히 알려진 대로, 우리의 좌뇌와 우뇌는 실행 분야가 각기 다르다. 좌뇌는 언어 정보와 논리를 담당하며 우뇌는 주로 시각 정보와 감정을 다룬다. 좌뇌는 읽고 말하고 듣고 쓰고 분석하고 추리하는 일을 하고, 우뇌는 좀 더 감성적인 작업이나 청각적, 공간적, 직관적 일을 담당한다.

이렇게 각각 관여하는 분야가 다른 좌뇌와 우뇌를 동시에 사용한다면 일의 효율을 높일 수 있다. 무언가를 암기할 때 특히 그렇다. 암기할 때 우리는 주로 좌뇌를 사용하게 되는데, 이때 우뇌의 도움을 받으면 훨씬 재미있고 오래 기억에 남는다. 이를테면 외우려는 내용에 쉬운 멜로디를 붙여 노래로 부른다거나, 외우려는 단어와 연상되는 이미지를 함께 외우는 식이다.

   우뇌의 도움을 받아 단어 암기하는 방법을 한 가지 더 소개하자면 그림을 이용하는 방법이 있다. 우리는 말을 할 때 무의식중에 이미지를 떠올리면서 말한다. '어머니'라고 말하면 머릿속에 무엇이 떠오르는가? 한글로 적은 '어머니' 글자가 떠오르는가? 아니면 실제 어머니의 얼굴이 떠오르는가? 대부분 후자일 것이다. 누구나 어떤 단어를 말하고 싶은데 생각은 안 나고 이미지만 떠오르는 답답한 경우를 경험한다. 이것은 좌뇌와 우뇌가 서로 연락이 잘 안 될 때 일어나는 현상이다.

반대로 영어 단어를 외울 때 그림을 활용하면 그 단어를 써야 할 상황에 이미지와 함께 쉽게 단어가 떠오른다. 물론 초등학생 정도면 단어의 의미와 이미지를 연결시켜 외우는 것이 가장 효율적이겠지만, 좀 더 어린 친구들이 스펠링을 하나하나 외울 때 이 방법으로 시작하면 좋다.
　기초적인 방법을 예를 들면, 여행이라는 단어 'travel'을 외울 때에 아래와 같은 그림을 그리면서 외워 보자.

　무작정 단순 반복하며 외우는 것보다 이렇게 우뇌의 힘을 빌려 암기하는 것이 뚜렷한 이미지로 머릿속에 오래 남게 한다. 같은 맥락에서 그림책을 활용하여 영어 공부를 하는 것은 매우 효과적이고 똑똑한 학습 방법이다. 아이들은 그림책 한 권을 읽더라도 반복되는 이

미지와 글자 덕에 하나의 내용을 여러 차례 접할 수 있다. 이때 이미지와 글자 혹은 소리를 연결하면서 단어를 익히게 된다. 엄마가 영어 공부 할 때도 마찬가지다. 아무리 '머리가 굳은' 성인 학습자라 해도 좌뇌 우뇌를 동시에 사용한다면 말랑말랑한 두뇌로 공부하는 효과를 낼 수 있다.

    영어 단어를 암기하는 일은 영어 공부의 90프로 이상을 차지한다. 따라서 영어 단어를 익히는 것이 즐거워야 영어 공부를 지속할 수 있다. 우리는 일상 생활에서 영어를 말하는 것보다 글자로만 접하는 경우가 대부분이다. 그런데 영어를 말로 구현하려면 머릿속 영어가 입으로 튀어나오도록 연결해야 한다. 그러기 위해서는 우뇌의 감정과 상황 이미지를 연결시켜야 한다. 단어를 사용할 수 있는 다양한 상황을 만들며 아이와 함께 말하고 써 봐야 내 것이 된다. 책에 candle이라는 단어가 나와서 외우기로 했다면, 실제 케이크 위의 초를 직접 보게 하고 만지게 하고 그려 보고 초와 관련된 노래를 부르게 하는 것이다. 시간은 조금 걸리겠지만, 영유아 시기 영어에서 진도와 속도에 연연해서는 안 된다. 엄마표 영어는 모국어만큼 탄탄한 영어 실력을 다지는 것이 목표이지, 책 몇 권을 끝내는 데에 목적이 있는 것은 아니다. 이렇게 한 단어를 여러 상황에서 반복하며 익히는 것은 우리 뇌에게 무엇인가를 기억할 수 있는 단서를 많이 만들어 주어 확실히 '내 것'이 되게 한다.

아이에게 영단어를 '우리말'처럼 편한 옷으로 만들어 주고 싶다면, 좌뇌와 우뇌 모두에게 도움을 청해 보자. 아이가 잘 볼 수 있도록 단어를 연극 무대에 세우는 느낌으로, 단어에 그림도 입히고 동작도 만들어 주고, 대사도 만들어 움직이도록 하자. 그리고 이 과정은 엄마와 아이가 꼭 함께 하자. 아이는 놀아 달라고 보채는데 뭐 하고 놀아야 할지 모르겠다면 영어 그림책을 펴고 단어 하나를 골라서 그 단어를 가지고 놀면 된다. 영어를 즐기려면 우뇌를 적극 참여시키자.

다음 질문에 답을 해 보면서 나와 우리 아이만의 우뇌를 활용한 영어 공부 방법들을 모색해 보고 실천해 보자.

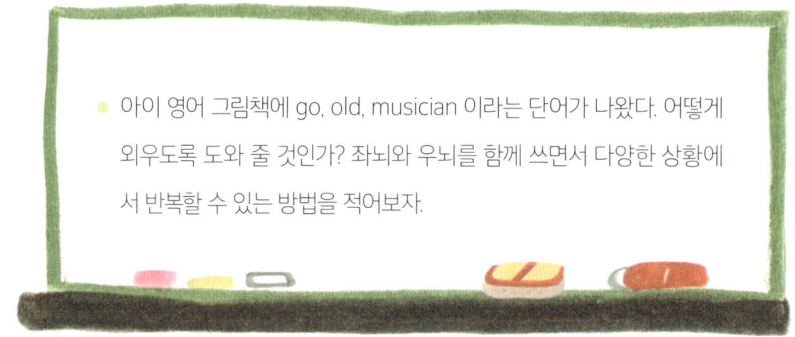

- 아이 영어 그림책에 go, old, musician 이라는 단어가 나왔다. 어떻게 외우도록 도와 줄 것인가? 좌뇌와 우뇌를 함께 쓰면서 다양한 상황에서 반복할 수 있는 방법을 적어보자.

집 안 벽을 칠판처럼!

외국어 공부의 8할은 단어 암기라고 해도 과언이 아니다. 단어 암기를 가장 확실히 할 수 있는 방법이 뭘까? 그것은 바로 반복이다. 여러 번 반복하면 할수록 입에 붙는다. 몇 번 외웠다고 해서 그 단어를 완벽하게 사용할 수 있다고 생각한다면 착각이다. 한 번 외운 단어는 사랑하는 사람 이름을 부르듯 계속해서 말하고 들여다보고 사용해야 한다. 하지만 외웠던 영어 단어들을 일상생활에서 반복 사용한다는 게 결코 쉬운 일은 아니다.

그래서 우리는 '포스팅'을 한다. 거실 벽에, 화장실 가는 길목에, 아이의 방 문에. 하루에도 몇 번이고 지나치며 눈에 들어올 수 있게 하는 것이다. 아이와 함께 외우고 싶은 단어를 벽에 붙이고 오며 가며 한 번씩 보면 하루에 10번 정도는 반복할 수 있다. 시기마다 외워야 할 단어와 문장이 다르니 굳이 포스터를 사서 붙일 필요는 없다. 내가 외우고 싶은 단어를 아이와 함께 직접 써서 벽에 붙여 보기. 영어 단어를 쓰고 그리는 것부터 아이에게 좋은 활동이다. 그림에 자신이 없다면 잡지를 오리거나 사진을 인쇄하는 방법도 있다. 다 외우고 나면 정기적으로 교체해야 하니 영어 카드 붙이는 자리를 마련하는 것도 좋겠다.

붙여만 두면 저절로 외워질 것이라고 생각하는가? 아니다. 직접 해 봐야 한다. 아이와 함께 소리 내어 읽고, 뜻을 알려 주고, 그림 찾기를 하는 등의 활동 시간이 있어야 제대로 외운다.

위의 방법은 내가 중국에서 유학하던 시절 중국어를 공부할 때 썼던 방법인데 효과가 정말 좋았다. 책상에 앉아 책을 펼치지 않아도 배운 단어를 복습하며 반복할 수 있으니 쉽고 오래도록 기억할 수 있었다. 특히 화장실 거울에 붙여 두었던 단어가 기억에 쏙쏙 잘 들어왔다. 그래서 잘 외워지지 않는 단어는 화장실 거울에 붙여 놓곤 했다.

집 안 벽을 게시판처럼 활용하면 단어 암기 외에도 장점이 있다. 바로 부족한 영어 노출 시간을 충분히 보충할 수 있다는 것이다. 엄마가 신경써서 무언가를 읽어 주고 보여 주지 않으면 영어를 접하기 어려운 어린 아이들에게 자연스럽게 그림과 글자를 보여 줄 수 있는 것이다.

아이가 보고 배우면 좋겠다 싶은 것들은 죄다 벽에 걸자. 미적 감각을 길러 주고 싶다면 멋진 그림을 걸고 영어 단어를 외우게 하고 싶다면 영어 단어를 붙이자. 『지도 밖으로 행군하라』의 저자 한비야 씨의 아버지는 자녀들이 아주 어릴 때부터 벽과 바닥, 심지어 천장에도 세계지도를 붙여 두었다고 한다. 집 안 곳곳에 붙은 세계지도를 보고 자란 그녀는 지구란 그저 종이 한 장 안에 들어오는 작은 세상이라고 느꼈다고 한다. 결국 아버지의 바람대로 세계를 누비며 활동하는 사람이 된 것이다. 내 자녀도 그녀처럼 세계를 무대로 꿈을 펼치는 인재가 되기를 바란다면 세계지도를, 영어 실력을 갖추기 바란다면 영어 단어를 벽에 붙여 보자.

집 안 벽을 단순한 벽으로만 보지 말자. 갤러리가 될 수도 있고 칠판이 될 수 있다. 아이와 함께 벽에 있는 단어들을 매일 크게 소리 내어 읽는 것을 하나의 일과처럼 생각하고 실천해 보자. 자연스럽게 그 단어를 습득하고 사용할 수 있게 될 것이다. 이 모든 것은 '포스팅'부터 시작된다.

(다 외운 단어들은 한 번에 모아 게임을 할 수 있다. 이후 영어 놀이 소개 중 Bingo Game, Snatch Game, What's missing? 등도 벽에 붙었던 단어 종이를 활용해서 놀 수 있는 게임들이다. '엄마랑 아이랑 영어 짝꿍 놀이' 참고)

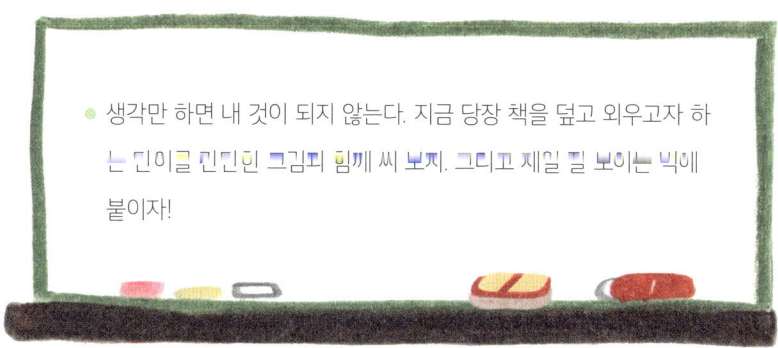

- 생각만 하면 내 것이 되지 않는다. 지금 당장 책을 덮고 외우고자 하는 단어를 간단한 그림과 함께 써 보자. 그리고 제일 잘 보이는 벽에 붙이자!

엄마의 영어 공부
맘톡 vs 티처톡

   사람은 간절한 목표가 있으면 어떤 어려움도 극복해 내는 힘을 가졌다. 대학 시절 내 주변에는 영어를 잘 못해 영어 울렁증에 시달리는 친구들이 많았다. 우리나라 사람이라면 누구나 한 번쯤 겪는다는 영어 울렁증, 예비 교사라고 해서 다르지 않았다.

특히 임용고시에서는 영어로 유창하게 인터뷰를 해야 하고, 정확한 문장을 구사하며 수업 실연을 해야 한다. 영어 울렁증을 겪고 있는 이에게 얼마나 어려운 시험일까. 나는 이 영어 울렁증을 호소하는 친구들과 함께 공부를 하며 그들이 고난을 극복하고 '교사'라는 목표를 달성하는 과정을 지켜보았다. 영어 울렁증을 호소하던 이들이 영어 시험이 필수인 '교사'가 되다니. 이를 통해 영어 울렁증은 누구나 극복 가능한 것이라는 사실을 깨달았다. 다만 비교적 짧은 시간 안에 목표를 달성하기 위해서는 적절한 목표 설정이 성패의 관건이다.

친구들의 목표는 시험 통과였다. 원어민과 국제적인 문제에 대해 대화를 나누기 위한 수준의 영어 실력이 목표가 아니었다. 이는 교실에서 아이들을 가르치면서 사용하는 영어가 제한되어 있기 때문에 가능했다. 교사들이 자주 쓰는 문장과 어휘는 따로 있다. 교실 안에 있는 black board, desk, cards, TV, 혹은 '3명이 한 그룹이 됩니다(Make a group of 3), 숙경이를 칭찬합니다(Good job, Sook-kyung), 민재가 발표 해 볼까요?(Could you speak to everyone Min-jae?)' 등 교실에서 자주 사용하는 어휘들이 있다. 교실에서 선생님이 쓰는 영어를 티처톡(teacher talk)이라고 하고 교사는 그 문장들은 반드시 외워야 한다. 초등학생들을 상대로 하는 문장이라 구성도 매우 쉽고, 한 문장 안에 7~9단어가 넘지 않는다.

엄마표 영어도 마찬가지다. 초등학교 수준의 영어는 중학교 영어시간에 졸지 않은 엄마들이면 충분히 구사할 수 있다. 하물며 유아 수준의 영어야 말해 무엇 하리. 단지 말하기 연습을 충분히 하지 않아 머릿속에 있는 것을 입 밖으로 꺼내지 못 하는 것뿐이다. 아이와 함께 말하기를 매일 연습하면 엄마도 충분히 영어 말하기를 할 수 있다. 엄마가 일상생활에서 쓰는 말은 제한되어 있고 반복적이다. "잘 잤니? 밥 먹자. 목욕하자. 코 자자" 등 사용 빈도수가 높고 쉬운 것부터 외워서 사용하면 그게 바로 맘톡mom talk이 되는 것이다. 단어가 쉽고 문장이 짧기 때문에 하루에 10분만 투자해도 쉽게 말 할 수 있다.

엄마의 영어mom talk는 선생님의 영어teacher talk보다 더욱 오래, 그리고 강력한 영향을 준다. 아이에게 있어 '엄마'라는 존재의 크기 때문이기도 하고, 함께하는 시간을 봐도 그럴 수밖에 없다. 만약 엄마가 영어 울렁증이 있다면 아이를 위해서라도 반드시 극복하자. 엄마의 영어 울렁증은 선생님의 영어 울렁증보다 큰 영향을 미칠 테니 말이다.

경험상 매일 아이에게 한마디씩 영어로 건네는 습관을 통해 영어

울렁증을 극복할 수 있다. 여러 아이들 앞에서 가르치는 선생님처럼 '틀리면 망신당하지 않을까' 하는 생각은 하지 않아도 된다. 엄마의 영어는 우리 아이와 딘 둘이 나누는 대화이기 때문이다. 내 틀린 영어가 아이의 영어를 망치지는 않을까 걱정하지 않아도 된다. 취학 전 아이라면 엄마표 영어로 굉장히 고차원의 영어를 가르치는 것은 아닌 데다, 영어와 친해지는 것이 제일의 목표이기 때문이다. 혹시 엄마의 영어가 좀 어설프더라도, 그 정도는 학교에서 바로잡으면 된다.

앞서 말했듯 엄마의 한국식 영어 발음과 콩글리쉬는 아이의 표준 영어 구사에 영향을 주지 않는다. 일단 엄마의 영어 울렁증을 극복하겠다는 목표로 큰소리로 말해 보는 것이 중요하다. 교사인 나도 아이들 앞에서 영어로만 수업을 해야 한다는 게 부담스러웠다. 그럴 때일수록 마치 '영어 울렁증이 전혀 없는 사람'인양 크고 자신 있게 말했더니 울렁증이 조금씩 줄어들기 시작했다. 무조건 크고 당당하게 말하는 게 중요하다. 큰 목소리로 내 안에 잔뜩 움츠리고 있는 자아에게 자신감이라는 먹이를 주자. 자신감으로 배를 채우고 나면 점점 허리를 펴고 똑바로 서서 소리를 내게 될 것이다.

영어 울렁증 극복하기

1. 영어 동화책이나 동요 가사를 무조건 큰 소리로 읽는다.
2. 동화책에서 나온 문장을 외워 아이에게 말해 보자. 아주 짧은 문장도 ok!

3. 그래도 쑥스럽다면 혼자 집안일을 할 때 말 연습을 해 보자. 조금 자신감이 붙으면 아이 앞에서 말해 보자.

맘톡은 간단하고 쉬운 것이라 짧은 문장 몇 가지만 외워도 하루 10분 동안 아이와 영어로 대화하는 연습을 할 수 있다.

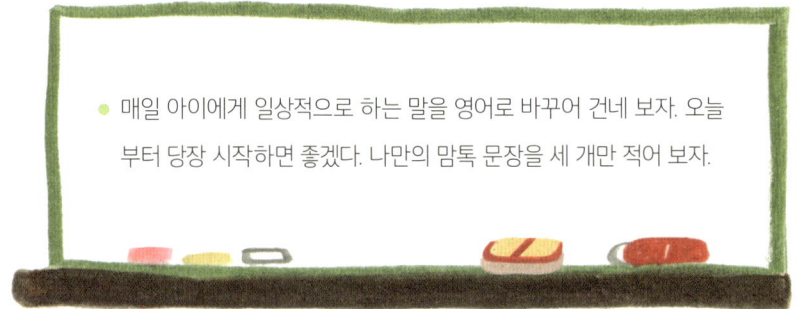

- 매일 아이에게 일상적으로 하는 말을 영어로 바꾸어 건네 보자. 오늘부터 당장 시작하면 좋겠다. 나만의 맘톡 문장을 세 개만 적어 보자.

영어 학습의 기초 체력, 엄마표 영어로 단련하기!

아이는 엄마의 말이 아닌 행동을 따라한다.

인간은 다양한 방법으로 학습을 한다. 성인은 학습을 할 때 주로 책을 읽거나 강의를 듣는다. 아이들은 어른들과는 조금 다른 방식으로 배운다. 바로 모방이다. 책을 읽을 수 없는 아기는 자신의 타고난 모방 능력을 이용해 누군가의 행동을 따라하며 살아가는 방법을 터득한다.

이탈리아의 신경심리학자 리촐라티(Giacomo Rizzolatti)는 이러한 인간의 모방 심리가 우리의 뇌 속에 있는 '거울 뉴런' 때문이라는 것을 밝혀 냈다.

한 원숭이가 하품을 하자 상대 원숭이도 따라서 하품을 한다. 하품하는 원숭이를 바라보기만 해도 상대 원숭이의 뇌가 마치 하품하고 있는 것처럼 반응을 한다. 그로 인해 졸리지 않아도 하품을 한다.

이처럼 상대의 행동을 보기만 해도 내가 움직이는 것처럼 느끼게 하는 뇌의 신경망을 거울 뉴런이라고 지칭했다. 우리의 뇌는 기본적으로 '모방'을 하게끔 만들어진 것이다.

요즘 초등학교에서는 1년에 두 번 학부모 상담을 한다. 내가 가르치는 아이들이 집에서 어떻게 행동하고 말하는지 학부모를 통해 간접적으로 들여다볼 수 있는 좋은 기회다. 학부모가 처음 교실을 들어오면 어떤 아이의 부모님인지 한눈에 알 수 있는 경우가 많다. 물론 외모가 비슷하기도 하지만, 행동이나 분위기가 비슷하기 때문이다. 아이의 외모는 당연히 부모로부터 물려받은 것이기 때문에 닮는다. 그 외의 행동, 말투, 분위기 등까지 비슷한 것은 어릴 때부터 아이가 '모방'한 대상이 부모님이기 때문이다.

나는 부모님의 영향과 더불어 지금까지 내가 읽은 책들이 현재의 나를 만들었다고 믿는다. 어릴 때부터 책을 좋아해서 자기 전에는 꼭 책을 읽으며 잠자리에 들었다. 이런 습관은 엄마로부터 물려받았다. 어릴 때부터 잠들기 전에는 꼭 책을 읽어 주셨고, 초등학교 1학년 때부터는 도서관에 데리고 다니면서 정기적으로 책을 읽히셨다. 도서관 책꽂이 사이를 거닐며 엄마가 추천해 주는 책을 고르고, 돌아오는 차 안에서 읽는 것이 참 좋았다.

다 큰 어른이 된 지금까지도 도서관에 다녀오는 길 버스 안에서 빌린 『오만과 편견』을 읽으시던 엄마의 모습이 기억에 남아 있다. 어린 나는 '엄마는 무척 어려운 책을 읽으시는구나. 나도 크면 엄마처럼 어려운 책을 읽고 다 이해할 수 있겠지?' 이런 생각을 했었다.

  만약 엄마가 평상시에 영어를 좋아하고 즐겨 사용하는 모습을 보여 준다면? 아이도 '도대체 저 말이 무슨 뜻이지? 엄마가 좋아하니까 나도 따라 해 보고 싶다'고 생각하지 않을까? 영어가 어렵고 힘들더라도 즐겁게 대하는 모습을 보여 궁금해 하도록 만드는 것도 엄마의 역할이다. 수많은 엄마들이 활용하는 지혜로운 방법 중 하나는, 아이 앞에서 영어 동화책을 재미있게 읽는 것이다. 영어 일기를 쓰기도 하고, 영어 동요를 즐겁게 부르기도 한다. 아이가 조금이라도 관심을 보이면 성공이다. 그때부터는 재미있는 영어의 세계로 인도하면 된다. 엄마와 아이 모두 영어의 세계에 입문할 준비가 되어 있다면, 다음 장에서 소개하는 '영어 놀이'를 적극 활용해 보자.

엄마랑 아이랑 영어 짝꿍 놀이
2단계: 3세부터 5세까지 활용하면 좋은 영어 놀이

🍎 Bingo Game

빙고 게임은 종이 한 장만 있으면 새로운 어휘를 익히거나 배운 단어를 복습하는 데 좋다. 우리가 흔히 하는 빙고 게임과 방법은 같다.

각자 빈 종이에 그림과 같이 3x3 칸을 나누고 이미 외운 단어로 칸을 채운다. 엄마와 아이가 번갈아 가면서 단어를 말한다. 한 사람이 말한 단어는 양쪽 모두 지운다. 먼저 한 줄이 다 지워지면 빙고다.

놀이 방법

① 빈 종이 2장, 영어 단어 9개, 연필
② 빈 칸을 영어 단어로 채운다(아이가 스펠링을 적는 데 익숙하지 않다면 영어 단어 카드를 3x3 칸에 맞춰 늘어놓고 시작한다.)
③ 엄마는 빈 종이에 아이의 빙고판과 다른 배열로 단어를 채운다.
④ 서로 번갈아 가면서 한 단어씩 말한다.
⑤ 상대가 말한 단어가 내 칸에 있으면 지운다. 먼저 세 줄 이상 빙고를 완성한 쪽이 승리!

Head	Shoulder	Knee
Eye	Nose	Toe
Arm	Mouth	Finger

놀이를 위한 맘톡 tip!

- Mom says : Let's play BINGO. 빙고 게임하자.
  Write down animals' name here. 여기에 동물 이름을 적어봐.
  Three line. Bingo, OK? Good! 세 줄 빙고다. 알았지?
- Baby says : Yes, mom! 네, 엄마!

습득 어휘 : 간단한 명사, 형용사, 동사 모두 가능

응　　　용 : 아직 3x3 빙고가 어려운 나이라면, 단어 카드를 길게 한 줄로 늘어놓고 게임을 한다. 각자 말한 단어를 한 장씩 뒤집는다. 먼저 모든 카드를 뒤집는 사람이 승리!

🍎 Guessing Mime

한 사람이 주어진 동사를 동작으로 나타내면 나머지 사람이 맞히는 게임이다. 동사의 다양한 어휘를 실감나게 익힐 수 있다. 동사를 동작으로 표현하는 게임이라 표현력 연습도 된다.

놀이 방법

① 집에 있는 영어책 한 권을 준비한다.
② 술래가 책을 무작위로 펼쳐 그 장에 있는 동사 하나를 선택한다.
③ 술래는 선택한 동사를 동작으로 나타낸다.
④ 상대방은 술래가 무슨 동사를 나타내는 것인지 맞힌다.

엄마(술래)가 달리는 시늉을 하면 아이는 'You are running!' 혹은 'Run!' 하고 단어를 맞히면 된다.

tips : 아이가 알고 있는 동사가 많다면 참고할 책이 없어도 즉석에서 동작으로 나타내기 놀이를 하면 된다.

놀이를 위한 맘톡 tip!

- Mom says : Guess what I am doing. 내가 뭐 하는 지 맞혀 봐.
  What am I doing? 내가 뭐하고 있게?
  (달리는 시늉을 한다.)
- Baby says : You are running! 달리고 있어요.
- Mom says : You got it! 맞았어!
  Now it's your turn. 이제 네 차례야.
  Act out your words. 네 단어를 몸으로 표현해 봐.
- Baby says : Ok, mom. 네, 엄마!

습득 어휘 : guess, 몸으로 나타내기 쉬운 동사 ex) running, dancing, jumping, eating, walking, kicking, reading, listening 등

연습 문장 : Guess what I am doing?

🍎 Go Touch!

한 사람이 집 안에 있는 물건 이름을 말하면 나같이 달려가서 그 물건을 터치한다. 먼저 터치하는 사람이 승리. 물건 이름을 말해도 되고, 색깔을 말해서 그 색깔을 가진 물건을 터치해도 된다. 손가락뿐 아니라 발가락, 무릎, 머리 등의 신체 부위로 다양하게 짚을 수 있도록 응용하면 아이들이 재미있어 한다. 자녀가 둘 이상이거나 아빠도 참여할 수 있다면 특히 즐거운 게임이다.

놀이 방법
① 엄마가 집 안의 물건을 통해 색깔 이름을 먼저 알려준다.
② 술래가 색깔 이름을 외친다.
③ 그 색을 가진 물건을 찾아서 터치한다.
④ 술래를 바꾸거나 손, 발바닥, 엉덩이 등 터치하는 신체 부위를 바꿔 가며 놀이한다.

놀이를 위한 맘톡 tip!
- Mom says : Ok, Let's play Go Touch game! '고 터치' 게임하자!
  It's white. Go touch! 흰색 물건을 찾아서 터치하기야!
- Baby says : It's here. 여기요! (냉장고를 찾아서 터치한다.)
- Mom says : Good job my boy/girl. (잘 했어, 뽀뽀 쪽!)

습득 어휘 : red, orange, yellow, green, blue, purple, pink, black etc.

연습 문장 : It's ___. Go touch.

응　　용 : 색깔 이름뿐 아니라 가구 이름, 신체 이름 등을 익힐 때도 활용할 수 있는 놀이다. 아빠도 함께 참여해서 셋이 같이 누가 먼저 빨리 짚는지 경쟁하는 놀이를 해도 재미있다. 단어를 듣고 재빨리 뜻을 알아야 게임에서 이길 수 있다.

🍎 Ball Talk

공을 주고받으며 대화를 하는 놀이다. 공을 던지는 사람은 질문을 하고 공을 받는 사람은 대답을 한다. 공을 받아서 질문에 대답하면 1점을 얻고, 떨어뜨리면 0점이다. 공을 받고 5초 이내에 대답이나 질문을 하지 못 하면 벌칙을 받는다. 아이의 나이에 따라 대답 제한 시간을 늘리거나 줄이면 더 재미있게 놀이할 수 있다.

엄마와 둘이서 할 수도 있지만 여러 명이 함께하면 더 재미있는 놀이다. 질문에는 제한이 없다.

놀이 방법

① 집 안에서 던져도 무방한 공을 준비한다.

② 공을 던지며 질문한다.

③ 받는 사람이 그 질문에 대답한다.

④ 적절한 시간 내에 대답하면 점수를 얻는다.

⑤ 공 던지는 순서를 바꾸어 질문하고 대답한다.

놀이를 위한 맘톡 tip!

- Mom says : What's your name? 네 이름이 뭐니?
- Baby says : My name is Su-min. 내 이름은 수민이야.
- Mom says : What day is it today? 오늘은 무슨 요일이야?
- Baby says : It's Sunday. 일요일이야.
- Mom says : How is the weather today? 오늘 날씨는 어때?
- Baby says : It's raining. 비가와.
- Mom says : What's your favorite food? 네가 좋아하는 음식은 뭐야?
- Baby says : My favorite food is pizza. 내가 가장 좋아하는 음식은 피자야.
- Mom says : What's your mother's favorite food? 네 엄마가 가장 좋아하는 음식은?
- Baby says : I don't… know. 몰라… 요….

답을 못 하면 벌칙을 받는다. 벌칙을 받은 사람이 다시 공을 던지며 새로운 질문을 한다. 간단한 대화를 연습하기에 좋은 놀이다. 시간제한이 있으므로 재빠르게 할 말을 생각하고 영어로 말해야 하므로 실전 대화 연습을 효과적으로 할 수 있다는 장점이 있다.

만약 아이가 영어 문장 만들기 어려운 나이라면 우리말로 질문하고 영어 단어로 대답하는 방법을 써 보자. 영어 순발력을 기르는 데 도움이 된다.

연습 어휘 : who, what, when, how, why, which, weather, if, can, could 등을 이용한 다양한 질문 만들기 연습

🍎 Open Password!

오늘의 패스워드를 말해야 관문을 통과할 수 있는 놀이다. 패스워드는 어제 읽은 책 중에 등장한 재미있는 단어, 익혔으면 하는 단어를 한두 개 골라서 정한다. 패스워드를 말해야 냉장고 문을 열 수 있게 해 주거나, 아이가 좋아하는 장난감을 얻을 수 있게 해 주는 등 규칙은 엄마와 아이가 정하기 나름이다. 이 게임은 어려운 단어를 지겹지 않게 여러 번 반복함으로써 익힐 수 있다는 장점이 있다.

놀이 방법

① 오늘의 패스워드를 정한다.
② 언제 패스워드를 말해야 하는지, 말하면 무엇을 얻을 수 있는지 등 규칙을 정한다.
③ 패스워드를 말하면 통과, 말하지 못 하면 가벼운 벌칙을 받는다.

놀이를 위한 맘톡 tip!

아래 대화는 아이가 『Bremen Town Musicians(브레멘 음악대)』를 읽고 당나귀Donkey를 처음 알게 된 상황을 가정하고, 그 단어를 패스워드로 정한 상황이다.

- Mom says : Today's password is a "Donkey" 오늘의 패스워드는 "당나귀"야.
  Whenever you open the door you should say this

password. OK? 이 문을 열 때 마다 패스워드를 말해야 해. 알겠지?

- Baby says : OK. 네.

    (아이가 문을 열려고 한다.)

- Mom says : Hold on! 잠깐!

    What's the password? 패스워드가 뭐지?

- Baby says : It's a "Donkey" 당나귀요.
- Mom says : Ok, You may open the door. 좋았어! 이제 문 열어도 돼.

연습 문장 : What's today's password?

　　　　　It's _____.

응　　용 : 패스워드는 엄마만 정하는 것이 아니라 아이도 정할 수 있게 한다. 아이가 정한 패스워드와 규칙은 엄마에게도 적용할 수 있게 해 주어야 한다.

(이 게임을 통해 엄마와 아이 모두 기분 상하지 않는 선에서 가벼운 문제 행동을 수정할 수도 있다.)

5

계획하는 엄마표 영어
- 5세부터 초등학교 입학 전까지 -

엄마표 영어
하루하루 쌓기

 지금은 학교에서 학급일지를 쓰지 않지만 내가 초등학교를 다니던 시절만 해도 학급마다 서기가 있어 매일 학급일지를 썼다. 마치 서기관이 역사를 기록하듯 간단하게나마 매시간 어떤 공부를 했는지, 학습 목표는 무엇인지, 어떤 과제가 있는지를 적었다. 일지를 쓰는 일은 성가시고 귀찮을 수 있지만, 공부하는 데 큰 도움이 되고 다양한 효과를 볼 수 있다. 우선 공부를 하다 보면 하루 종일 무엇을 했는지 기억도 잘 안 나고, 실력은 실력대로 늘지 않아 걱정될 때가 있다. 일지를 써 온 사람이라면 슬럼프라고 할 수 있는 이 시기에 도움을 받을 수 있다. '학습 일지'를 들춰 보면 그동안의 과정이 한눈에 들어오고, 매일매일 거둔 성과가 차곡차곡 쌓여 있는 것을 볼 수 있다. 단순히 '열심히 한 것 같다'가 아니라, 진짜 꾸준히 공부한 흔적이 시각화되어 눈에 보인다. 그렇게 지금까지 걸어온 흔적들을 보게 되면, 공부한 내용들이 정리되는 것뿐만이 아니라 쌓아온 것들을 포기하면 안 된다는 긍정적인 부담도 느낀다.

목표를 향해 가던 사람이 슬럼프와 맞닥뜨렸을 때 극복하는 가장 좋은 방법은, 그 길에서 벗어나는 것이 아니라 계속해서 그 길로 나아가는 것이다. 공부한 내용을 일지로 쓰는 것은 지금까지 걸어온 길뿐만 아니라, 앞으로 나아가야 할 길을 보여 주는 역할을 한다.

매일 10분씩 꾸준히 투자해야 하는 엄마표 영어에서도 일지의 역할은 매우 중요하다. 엄마와 아이가 함께 일지를 쓰는 것이 핵심이다. 일지는 일기보다 훨씬 쓰기 쉽다. 오늘 읽은 영어 동화, 혹은 공부한 책의 제목을 적고 새로 배운 단어나 문장을 적으면 된다. 익숙해지면 5분도 안 걸릴 일이다. 아이가 글씨를 잘 모르는 나이라면 엄마가 적는 것을 보여 주자. 하루 10분을 눈에 보이게 저축하는 중이라고 알려 주면 아이도 흥미롭게 참여하지 않을까?

일지를 쓰면 주먹구구식 공부가 아닌 체계적인 학습이 가능하다. 배운 것을 꾸준히 적으며 때때로 점검을 하면 '책 읽기와 단어 암기는 많이 했는데, 말하기 연습이 부족하군' 혹은 '영어 책의 종류를 좀 더 다양하게 봐야겠군' 등 지금까지 해온 영어 공부의 장단점이 한눈에 보인다. 어떤 부분이 부족한지, 어떤 책으로 보충을 하면 좋을지, 어떤 활동을 추가해야 할지 쉽게 파악이 된다. 또한 엄마표 영어를 하다가 원어민 선생님을 만나거나 학교에 입학하는 등 다른 이의 도움을 받기 시작할 때도 일지가 도움이 된다. 전문가가 일지를 본다면 아이에게 알맞은 단계에서부터 영어를 지도할 수 있어 시행착오와 시간 낭비를 줄일 수 있을 것이다.

다음은 내가 쓴 영어 엄마표 영어 일지의 일부다. 알맞게 수정해서 활용하자.

	10월 12일	10월 13일	10월 14일
새로 암기한 동요	Itsy Bitsy Spider	Pat-a-Cake	Hush, Little Baby
새로 배운 단어	Spout	Prick	Brass
읽은 책 제목	Brown bear	Catapillar	Good Night Gorilla
새로 배운 단어	Growling	Cocoon	Armadillo
시청한 DVD	Caillou	Maisy	Dr. Seuss
새로 배운 표현	Furry tail	Hiccups	Mark
반성	★★★★	★★★	★★★★★

오늘 공부한 내용을 간단하게 적고 익힌 단어 및 표현도 간단하게 적는다. '새로 배운 단어'가 잘 외워지지 않는다면 일지를 펼쳐 이 항목만 공부해도 효과가 있다. 마지막 '반성'란에는 별 다섯 개 만점으

로 오늘 나의 엄마표 영어 공부를 평가해 보자. 일주일에 한 번 정도 복습의 날을 마련하여, 별이 세 개 미만인 날의 학습 내용을 다시 복습해 보는 것도 좋은 방법이다. 이렇듯 일지는 자기 평가를 통해 스스로를 점검할 수 있는 기회를 제공한다.

부모로서 아이가 남들보다 '이것만큼은 잘했으면 좋겠다' 하는 분야가 있을 것이다. 그게 창의성이든, 운동이든, 제2외국어든 엄마의 숨은 노력이 필요하다. 엄마는 노력하지 않으면서 아이 혼자 알아서 잘하리란 기대는 과욕이다. 옆집 엄마의 "우리 집 애는 알아서 잘해" 하는 자랑은 대부분 믿지 않는 게 좋다. 이 말을 듣고 내 아이를 닦달하기 시작하면 '엄마표 영어'뿐만 아니라 부모자식 관계에도 틈이 생기는 것은 시간 문제다.

엄마와 아이의 학습 일지 쓰기는 두 사람 모두에게 큰 도움을 준다. 아이에게는 메타인지 능력과 자기 이해 지능을 단련시켜 주어 능률적인 학습이 가능하도록 한다. 엄마에게는 학습 내용뿐만 아니라 아이의 공부 속도를 파악할 수 있게 해 준다. 엄마가 감시자 혹은 검사자 역할만 할 것이 아니라, 파악한 내용을 토대로 관심과 응원을 주어 아이가 꾸준히 영어를 알아 나갈 수 있도록 해 주는 것이 학습 일지의 순기능일 것이다.

DVD도
보는 방법이 따로 있다

초등학교의 영어 수업은 대개 한 단원 안에 4~5차시가 들어 있다. 모든 차시에서 듣기, 말하기, 읽기, 쓰기를 다양하게 경험하지만 각 차시별로 조금 더 강조하는 요소가 있다. 1차시에는 듣기, 2차시에는 말하기, 3차시에는 읽기, 4차시에는 쓰기에 비중을 둔다.

듣기를 강조하는 1차시에서는 단원의 내용이 함축적으로 담긴 2분 정도의 짧은 동영상으로 주요 대화 내용 Main Dialog 을 배운다. 사실 어린 학생들은 이렇게 짧은 동영상도 그냥 보여 주면 집중을 잘 못 한다. 만화라면 모를까, 학습용 영상을 좋아하는 아이가 몇 명이나 될까. 이럴 때 교사가 사용하는 다양한 기술이 있다. 이 기술은 '질문하는 기술'인데, 매우 단순해 보이지만 아이들을 집중하게 하는 놀라운 힘을 가졌다.

예를 들면,

> 질문1. 영상을 보여 주기 전, 영상이 총 몇 문장으로 구성되어 있는지 세어 보게 한다. (Count the number of sentences you hear.) 영상에 집중하며 몇 문장인지 세어 보고, 자신이 센 개수가 맞는지 확인하려면 최소한 2~3번은 반복해서 보아야 한다. 자연스럽게 집중을 유도할 수 있다.
>
> 질문2. 등장인물이 몇 명인지/남녀 각각 몇 명씩 등장하는지/등장인물의 직업은 무엇인지/인물들이 있는 장소는 어디인지 등 간단한 내용을 물어본다.
>
> 질문 3. 주요 문장 표현이 어떤 상황에서 나왔는지 물어본다. 이 질문에 대답하려면 또 한 번 봐야 한다.

이런 질문들을 던지면, 아이들은 자신이 생각한 정답을 확인하기 위해서라도 몇 번 더 보기를 원한다. 학교 수업 시간에 보는 영상들은 대부분 만화보다 지루해서 보기 싫어하는데, 이렇게 퀴즈를 내듯 질문한 뒤에는 집중하는 것뿐만이 아니라, 영상 속 상황을 즐기며 보게 된다. 이렇게 질문하고 대답하면서 학습용 영상을 보면 수업 종료 후 대화문을 통째로 외우는 아이들도 있다.

집에서도 엄마가 영어 영상을 보여 주기 전 미리 질문을 준비하면 더욱 효과적으로 영상을 활용할 수 있다.

TV는 바보상자라고 하지만, 사실 다른 나라 말을 배우는 데 재미있는 영상만큼 효과 좋은 도구는 없다. 이미 많이들 사용하고 있듯 DVD는 매우 유용한 외국어 학습 도구다. DVD를 잘 활용하면 어학연수도 필요 없다. 아이가 좋아하는 만화 캐릭터, 엄마가 좋아하는 영화배우를 원어민 선생님처럼 활용할 수 있다. 시공간의 제약도 없이 가능한 일이라니 활용하지 않으면 억울할 정도다.

사실 어학 학습용으로 개발된 영상 자료들은 뭔가 어색하다. 말하는 속도도 현실적이지 않고, 아나운서처럼 또박또박 발음해 일상생활에서 쓰는 억양과 미묘한 차이가 있다. 설정된 상황도 억지스러운 경우가 많다. 학습자가 배워야 할 표현들을 모두 넣어 짜 맞추다 보니 스토리가 부자연스럽다. 하지만 DVD를 활용한 학습은 '레알Real'이다. 조금 더 점잖은 표현으로 실제성Authenticity이 있다고 한다. 스토리의 개연성뿐만 아니라, 실제 그 나라 사람들이 실생활에서 사용하는 '살아 있는' 영어를 접할 수 있다. 영어 공부도 하고 외국인들의 사고, 문화, 가치관 들도 엿볼 수 있는 훌륭한 학습 도구다. 일단 재미가 있으니 집중해서 보게 되고, 두 번 세 번 볼 수도 있다. 학습 도구를 즐기며 보다니, 이 이상 좋은 방법이 또 있을까?

DVD만 있으면 어떤 언어도 쉽게 배울 수 있다. 하지만 그만큼 사용하기 전 고민하고 결정할 것들이 있다.

🍊 자막

DVD 시청에서 자막을 볼지 안 볼지를 결정하는 것은 사실 중요하지 않다. 자막을 가리고 봐야 귀가 열린다, 자막을 보면 아무 소용 없다 등 많은 말이 있지만 나의 결론은 '상관없다'이다.

자막이 있든 없든 상관없이, 일단 한 번 쭉 보면서 어떤 내용인지 파악한다. 대충이라도 내용을 안다면 (자막의 유무와 상관없이) 대사들이 더욱 귀에 잘 들어온다. 자막은 선택 사항일 뿐이지 있다고 해서 귀가 닫히거나, 없다고 해서 더 잘 들리는 것은 아니다.

🍊 활용

DVD를 시청만 하고 끝내는 것은 기껏 공부한 내용을 흘려보내는 것과 같다.

아이의 영어 회화 공부에 도움이 될 만한 애니메이션은 무수히 많다. 만약 엄마가 따로 자신의 수준에 맞는 회화 공부를 하고 싶다면 미드(미국 드라마)를 추천한다. 내가 회화 공부에 많은 도움을 받은 추천할 만한 미드는 〈프렌즈〉였다. 처음엔 자막 없이 그냥 봤다. 두 번째로 볼 때는 자막과 함께 보았다. 그 뒤로는 화면만 보기도 하고, 음성만 듣기도 하고, 영문 자막을 띄워 따라 읽어보기도 했다. 대사를 들으며 받아쓰기도 해 보고, 스터디 그룹을 만들어 직접 대사를 주고받으며 문장들을 외우기도 했다.

DVD로 활용할 수 있는 모든 방법을 다 써 봤는데, 이 방법 덕분에 원어민과 대화하는 것에 대한 두려움이 줄어들었고, 영어로 말하는 게 전보다 자연스러워졌다. 누군가 나에게 집에서 할 수 있는 가성비 최고의 영어 공부가 뭐냐고 묻는다면 단연코 DVD학습이라고 대답할 수 있다.

🍎 중독

DVD는 중독성이 있기 때문에 영어 학습에 제대로 활용한다면 엄청난 효과를 낼 수 있다. 하지만 너무 어린 자녀에게는 권할 만한 것이 못 된다. 만 3세 아이 혼자 하루 3시간 이상 지속적으로 영상물에 노출되었을 경우 뇌 발달에 영향을 준다는 연구 결과가 있으니 어린 아이에게 DVD를 활용하여 영어 공부를 시키는 것은 특별히 조심해야 한다. 아이가 3세 미만일 때는 TV나 DVD를 하루에 30분 이상 보여 주지 않도록 주의하자.

만 4세 이상의 아이가 하루 한 시간 미만으로 DVD를 시청하는 것은 영어 공부에 도움이 된다. 물론 아이 혼자 시청하고 마는 것은 거의 효과가 없다. 엄마와 함께 후속 활동을 해야 도움이 된다. 그렇다고 아이가 DVD를 볼 때 엄마가 장면을 설명해 주거나 대답을 요구하면 집중에 방해가 될 수 있으니 주의해야 한다. 아이가 영상에 집중하고 있다면 개입은 최소한으로 하고 엄마도 함께 DVD를 보며 공부하는 태도를 취하자. DVD로 공부하는 시간은 아이의 집중력에 따라 10분, 20분, 30분 등 조금씩 늘려 가면서 시청하게 한다.

아이의 영어 공부를 위해 DVD를 보는 방법은 다음과 같다.

① 보고 듣기

방법	설명	효과
단순 시청	우리말 더빙, 영어 자막, 한글 자막 등 어떤 것이든 상관없다.	한번 쭉 보면서 전체적인 내용을 파악한다.
소리 끄고 화면만 보기	무음으로 해놓고 화면만 본다.	화면만 보고 시청하면 어떤 대사를 하는지 머릿속으로 상상하며 보게 된다.
화면 끄고 소리만 듣기	소리에만 집중해서 들어 본다.	대사의 해당 장면을 머릿속으로 상상하며 듣는다. 소리만 듣는 것이기 때문에 자동차로 이동할 때도 활용하기 좋다.
대사의 개수 세어 보기	앞서 설명한 질문을 활용하여, 대사 개수 세어 본 뒤 맞히기 게임을 하면 더 집중하여 듣는다.	화면보다 대사에 집중하게 한다.

방법	설명	효과
스크립트 보면서 시청하기	영어 자막을 띄워 놓고 본다. 대본처럼 출력할 수 있다면 자막만 보는 것보다 효과가 더 좋다.	그냥 볼 때는 들리지 않았던 단어 듣기 연습이 된다.
반복되는 단어·표현 찾으면서 시청하기	반복되는 단어와 표현을 생각나는 대로 종이에 적고, 그 단어가 들릴 때마다 체크하며 본다.	조금 더 적극적으로 대사와 스토리를 분석하며 듣게 된다.

② 보고 듣고 말하기

방법	설명	효과
그림자 읽기 (섀도 리딩)	대사가 나오면 그림자처럼 따라 말하며 본다.	DVD 말하기 속도를 흉내 낼 수 있다.
역할 따라 말하기	엄마와 아이가 각각 등장인물을 맡아 연기하듯 대사를 따라한다.	실제 의사소통에 가까운 말하기를 흉내 낼 수 있다. 엄마와 아이가 놀이처럼 함께 즐기며 회화 연습을 할 수 있다.
동시통역 흉내 내기	우리말 더빙이나 우리말 자막만 보고 영어 대사를 떠올린다.	내용을 보고 영어로 표현하는 훈련뿐만 아니라 일상적인 영어 말하기 훈련도 된다.

③ 보고 듣고 쓰기

방법	설명	효과
단어 찾으면서 보기	영어 자막에서 모르는 단어를 메모해 두었다가 사전으로 찾아본다. 한꺼번에 많은 양을 하면 지칠 수 있으므로 5분~10분씩 나눠서 한다.	단어의 의미나 뉘앙스를 쉽게 외울 수 있다.
받아쓰면서 보기	받아쓰기는 특히 시간이 오래 걸리기 때문에 즐길 수 있는 정도의 분량만 하자. 아이에게는 1분도 길다. 장면을 단위로 하지 말고, 몇 문장을 뽑아 받아쓰기 연습을 해 보자.	난이도가 높은 단계이므로, 들리는 문장만 받아쓰기해도 된다. 쓰기 실력이 향상되고 기억에 잘 남는다.

가볍게 시작할 수 있는 방법부터 난이도가 높은 방법 순으로 나열했다. 어떤 단계부터 해도 상관없다. 자기에게 알맞은 방법을 찾았다면, 지속적으로 하는 것이 관건이다. 한 편의 DVD를 처음부터 끝까지 모두 완벽하게 이해하고 넘어갈 필요는 없다. 매일 꾸준히 즐긴다고 생각하고 보다 보면 어느 순간 말하기 실력이 늘어 있을 것이다.

외국어 공부는 벼락치기 공부가 통하는 분야가 아니다. 우리말도 오래 쓰지 않으면 잊는다. 외국어는 일이 년 쓰지 않으면 깡그리 잊는다. 외국어를 잘하고 싶다면 평생 함께 가는 친구가 되어야 한다.

위의 방법대로 DVD를 활용하려면 한 편을 적어도 두세 번 반복해서 보아야 하는데, 엄마와 함께 나엉한 방법을 통해 공부하면 아이도 지루해하지 않는다. 즐거운 놀이처럼 느낄 수 있다. 그러니 부디 아이 혼자 TV 화면 앞에 홀로 남는 일이 없으면 좋겠다. 아무리 어학 공부에 효과가 좋은 DVD라도 아이 혼자 멍하게 보고 있다면 바보상자와 다를 게 없다.

엄마표 영어의 도우미, 일주일 계획표

 계획이 없는 실천은 시간이 흐를수록 쌓이는 것 없이 흐지부지 되기 쉽다. 체계가 없기 때문이다. 확실한 계획을 세워도 어려운 것이 엄마표 영어인데, 계획조차 없다면 지속적으로 해 나가기 힘들다. 아래 예시 계획을 참고해서 탄탄한 계획을 세워 보자.

	시간	할 일	메모
월	아침 10분	저녁 시간을 활용해 아이와 함께할 놀이 및 mom talk 암기	
	저녁 10분	아이와 영어 놀이(연령에 맞는 놀이법 참고)	

화	아침 10분	DVD 영어 자막 띄워 놓고 감상하기
	저녁 10분	아이와 오전에 시청한 DVD 섀도 리딩하기
수	아침 10분	저녁에 아이와 함께 볼 동화책 먼저 읽으며 모르는 단어 찾기
	저녁 10분	아이에게 동화책 읽어 주기
목	아침 10분	저녁에 가르쳐 줄 영어 동요 암기 및 율동 만들기
	저녁 10분	단어 뜻에 맞는 율동과 함께 영어 동요 부르기
금	아침 10분	역할극 스크립트 소리내어 읽기
	저녁 10분	아이와 역할 정해 대사 말해 보기
토	아침 10분	벽에 포스팅한 단어 모두 모아 카드 놀이하기
	저녁 10분	역할극 시연하고 show and tell 하기
일	아침 10분	벽에 포스팅한 단어 모두 모아 카드 놀이하기
	저녁 10분	역할극 시연하고 show and tell 하기

계획의 실행 여부를 항상 옆에 표시하자. 실행하지 못 했다고 해서 좌절하지 말고, 꾸준히 포기 않고 10분씩 쌓는다는 각오로 해 나가자.

엄마랑 아이랑 영어 짝꿍 놀이
3단계: 5세부터 초등학교 입학 전까지 활용하면 좋은 영어 놀이

🍎 Snatch Game

바닥에 영단어 또는 그림이 있는 카드를 펼쳐 놓고 술래가 부르는 단어를 재빠르게 짚는 게임이다. 듣기 위주의 게임인데, 단어와 소리를 머릿속으로 재빨리 연결 짓는 연습을 할 수 있다. 카드를 많이 가져가는 사람이 이긴다.

놀이 방법

① (그림/글자 중 한 가지로 통일하여) 영단어 카드를 바닥에 늘어놓는다.
② 엄마가 먼저 단어 하나를 부르면 아이는 해당 카드를 찾아서 가져간다. 제한 시간을 두면 더 흥미진진하게 할 수 있다.
③ 엄마와 아이가 번갈아 가며 계속한다.

놀이를 위한 맘톡 tip!

- Mom says : I want to play Snatch game. How about you? 엄마는 빨리 짚기 게임 하고 싶어. 어때?
- Baby says : Me, too. 저도요.
- Mom says : Ok, Spread out the cards on the table. 탁자 위에 카드를 펼쳐 놓자.

  The faster person gets the card. 빨리 짚는 사람이 카드를 가져가는 거야.

  You win if you have more cards than me. 네가 엄마보다 더 많은 카드를 가져가면 이기는 거야.

  (놀이 시작)

- Mom says : A cat! 고양이!

(아이가 먼저 '고양이' 카드를 집어 올린다.)

- Mom says : Oh! You got the cat! 오! 네가 고양이를 가져가는구나!

  This time you say a word. 이번에는 네가 단어를 말해 봐.

- Baby says : A dog! 강아지!

(엄마가 먼저 강아지 카드를 집어 올린다.)

- Mom says : I got the dog this time! 이번에는 내가 가져간다!

  (놀이가 끝난 뒤)

- Mom says : Let's count the cards we have. 우리가 모은 카드들을

세어 보자.

Who has more cards? 누가 카드를 더 많이 가져갔지?
- Baby says : I have 5 cards. 저는 다섯 장이에요.
  How many cards do you have? 엄마는 몇 장이에요?
- Mom says : I have 4 cards. 엄마는 네 장.
  You won! 네가 이겼다.

위의 맘톡을 그대로 다 할 필요는 없다. How many cards do you have? 한 문장 정도만 영어로 하고 나머지는 한글로 설명해도 된다. 이렇게 놀이를 통해 단어를 접하게 하면, 아이 혼자 무작정 암기하는 것보다 자연스럽게 외울 수 있다.

사용 어휘 : 동물 이름, 나라 이름, 과일 이름, 색깔 등 기본적인 단어

연습 문장 : Let's count the cards. How many cards do you have?
I have ___ cards.

응   용 : 영어 카드가 없다면 간단히 만들어서 사용할 수 있다. 빈 종이를 적당한 크기로 잘라 앞면에는 영단어를, 뒷면에는 그에 맞는 그림을 그린다. 잘 못 그려도 좋다. 한 번 만든 그림 카드는 여러 곳에 활용할 수 있다.

🍎 Simon Says

흔히 '사이먼 가라사대'라고 부르는 게임이다. 술래가 명령을 하면 다른 한 명이 실행하는 게임인데, 앞에 Simon Says를 붙이면 명령대로 따라하고, 붙이지 않으면 아무 동작도 하지 않는 게임이다.

Simon says 'Put your hands up' 하면 손을 들어야 하지만 그냥 'Put your hands up' 했을 때 손을 들면 점수를 잃는다. 술래가 말머리에 Simon says를 붙이는지 들어야 하고, 말이 끝나자마자 재빨리 판단하고 실행해야 하므로 집중력과 재미, 빠른 이해력을 모두 기를 수 있는 놀이다.

놀이 방법

① 술래가 놀이에 사용할 명령문을 준비한다.
② simon says를 붙이기도 하고 떼기도 하며 명령한다.
③ 상대는 simon says가 붙은 명령문만 행동으로 옮긴다.
④ 역할을 바꿔 본다.

놀이를 위한 맘톡 tip!

- Mom says : Let's play Simon says. 사이먼 가라사대 게임 하자.
- Baby says : Okay! 좋아요!
- Mom says : Only when I say Simon says, you can act out the command. 내가 '사이먼 가라사대'라고 말한 것만 행

동으로 옮기는 거야.

- Baby says : I get it. 알겠어요.
- Mom says : Simon says...... jump! 사이먼 가라사대 점프! Stop! 그만!

(아이가 점프를 멈춘다)

- Mom says : Ah ha! I didn't say 'Simon says stop'. 아하! 이번에는 사이먼 가라사대를 안 붙였는데~! Your penalty is to kiss your mommy. 벌칙은 엄마에게 뽀뽀하기야.

사용 어휘 : run, walk, jump, stomp, hop, stop, clap, roll, sit down, stand up, kick etc. (몸으로 하는 행위와 관련된 동사)

연습 문장 : Simon says _____.

tips : 처음에는 쉬운 문장으로 천천히 명령하다가 속도를 점점 빠르게 하면 더욱 재미있다. 속도가 빨라지면 더 많이 실수를 하지만, 그러면서 더욱 재미를 붙일 수 있는 놀이다. 무엇보다 집중력과 순발력을 기르기에 좋다.

간단한 명령문을 연습하고 나면 'Pat your head and pick your nose' (머리를 쓰다듬으면서 코를 파시오) 처럼 우스꽝스러운 명령을 하면 더욱 즐겁게 놀이할 수 있다.

응   용 : '청개구리 Simon says' 게임도 있는데, 이건 Simon says 뒤의 문장을 반대말로 바꾸는 게임이다. 엄마가 "Simon says, 'I can swim'" 하면 아이는 "I can't swim"이라고 말하는 것이다. "Simon says 'a tall man'" 하면 아이는 "a short woman"이라고 답하면 된다. 문장 연습도 가능하고 단어 연습도 가능하다. 반의어 개념을 공부하기에 좋다.

🍎 Draw a Monster

'괴물 그리기'는 아이가 그림을 잘 그리지 못 해도 재미있게 할 수 있는 놀이다. 엄마의 지시에 따라서 삐뚤빼뚤 그리다 보면 재미있는 몬스터가 완성된다. 동그라미(circle), 세모(triangle), 네모(square) 등 도형의 이름을 영어로 익힐 수 있는 활동이다. 괴물뿐 아니라 그리기 명령(Draw~)을 통해 다양한 동물이나 형태를 그리게 할 수 있다. 그리는 사람, 지시하는 사람을 번갈아 가며 해 보면 더욱 좋다.

놀이 방법

① 종이와 색연필을 준비한다.
② "Draw a ___." 구문을 이용하여 한 명은 지시하고, 한 명은 그

대로 그림을 그린다.
③ 몬스터 그림이 완성되면 괴물에 이름도 지어 주고, 특징도 말해 본다.

놀이를 위한 맘톡 tip!

- Mom says : Draw a big circle in the middle of the paper. 종이 한 가운데에 큰 원을 그리세요.

    Draw two small circles in the big circle. 그 원 안에 작은 원 두 개를 그리세요.

    Draw one big eye in the big circle. 큰 원 안에 큰 눈

한 개를 그리세요.

Draw two triangles in the circle. 얼굴에 두 개의 세모를 그리세요.

Now, the monster is finished! 자, 괴물이 완성되었네!

Give the monster a name! 괴물에 이름을 지어 주자!

- Baby says : His name is Bobo. 이 괴물의 이름은 보보예요.

  He has round face and two triangle horns on his head. 동그란 얼굴에 세모 뿔이 두 개 있어요.

사용 어휘 : draw, big, small, circle, triangle, square,

연습 문장 : Draw a big/small ___.

t i p s : 눈을 감고 그리게 하면 더욱 흥미진진, 실감나는 괴물 그리기를 할 수 있다.

응   용 : 생쥐, 코끼리, 돼지 등 아이가 좋아하는 동물을 동그라미, 세모, 네모만 이용해 그리게 할 수 있다.

🍎 What's Missing?

열 장의 카드를 늘어놓는다. 술래가 카드 한 장을 숨기면 나머지 사람이 사라진 카드가 무엇인지 맞히는 게임이다. 전체 카드의 전과 후를 재빨리 살펴보고 무엇이 사라졌는지 정확하게 기억해 내야 점수를 얻는 게임이다. 시각적 단기 기억 능력을 재미있게 기를 수 있다.

놀이 방법

① 동물 카드, 알파벳 카드 등 단어가 적힌 카드 10장을 준비한다.
② 한 사람씩 번갈아 가면서 단어 카드 한 장을 상대방 모르게 감춘다.
③ 상대는 없어진 카드가 무엇인지 맞혀야 점수를 얻는다. 오답을 말하면 카드를 감춘 사람이 점수를 얻는다.
  난이도를 높이고 싶으면 카드를 더 많이 준비한다. 정답을 말할 수 있는 횟수를 조정하는 방법도 있다.

놀이를 위한 맘톡 tip!

(엄마가 동물 카드 10장 중 강아지 카드를 숨긴다.)

- Mom says : Guess what's missing? 뭐가 없어졌게?
- Baby says : Is it a cat? 고양이요?
- Mom says : No, it isn't. 아니야.
- Baby says : Is it a dog? 강아지요?
- Mom says : Yes! It is. 응! 맞았어.

You get one point! 1점을 얻었어!

Now, it's my turn. 이제 네 차례야.

Hide one card. 카드 한 장 숨기렴.

- Baby says : Ok, mom. I will hide one card. 알겠어요. 엄마. 제가 카드 한 장 숨길게요.

  What's missing? 뭐가 없어졌게요?

연습 어휘 _ cat, dog, rabbit, elephant, turtle, lion, tiger, panda, bird, fox, bear, hippo, monkey, donkey, zebra, giraffe etc.

연습 문장 _ A: What's missing?
B: It's a _____. / Is it a _____?

응   용 _ 카드가 아닌 실물 장난감이나 인형을 가지고 놀이를 할 수도 있다. 장난감 세 가지를 아이와 엄마 사이에 늘어놓고 번갈아 가면서 장난감을 숨기고 맞힌다. 카드를 가지고 하는 것보다 실제 물건을 가지고 하면 놀이의 난이도가 낮아진다. 놀이를 할수록 카드나 장난감 개수를 늘리면 난이도도 높아진다. 아이 수준에 맞게 난이도를 조절하여 게임을 해 보자.

🍎 Finding Direction

여러 명이 하기 좋은 놀이다. 두 명씩 짝을 지어 팀을 만드는데, 한 명은 눈을 가리고 나머지 한 사람은 영어로 방향을 설명한다. 그 말만 듣고 눈을 가린 사람이 목적지까지 이동하는 게임으로, 길 찾기 및 방향에 관한 표현을 연습하기 좋다.

놀이 방법

① 눈을 가릴 만한 손수건이나 안대를 준비한다. 목적지를 정해 표시한다.

② 눈을 가리지 않은 사람이 Go straight, turn right/left, It's on your right/left 등의 표현을 이용해 방향을 안내한다. 눈을 가린 사람은 상대의 말만 듣고 목적지로 이동한다.

③ 목적지까지 더 짧은 시간 내에 이동한 팀이 점수를 얻는다. 길을 설명하는 사람의 역할도, 말만 듣고 이동하는 사람의 역할도 중요하다. 영어 말하기&듣기 실력은 물론 팀워크가 좋아야 점수를 얻을 수 있다. 온 가족이 캠핑을 가거나 새로운 장소에 놀러갔을 때 하기 좋은 게임이다.

놀이를 위한 맘톡 tip!

- Mom says : Close your eyes. 눈을 감아봐.
  Do as I say. 내가 하라는 대로 하는 거야.
  Go straight. 앞으로 걸어가.
  Turn right. 오른쪽으로 돌아.
  Turn around. 뒤로 돌아.
  Go left. 왼쪽으로 가.
  Now, the stop sign is on your right. 자, 도착지 표시가 네 오른쪽에 있어.

- Baby says : Mom it's so fun. 엄마 재미있어요!
  Let's do one more time. 한 번 더 해요.

연습 어휘 : go, stop, turn, right, left, straight etc.
연습 문장 : Go straight. 직진.
             Turn right. 오른쪽으로 돌아.
             Turn around. 뒤로 돌아.
             It's on your right/left. 오른쪽/왼쪽에 있어.
응   용 : 눈을 가리고 움직이기 위험한 장소나, 여러 사람이 모이기 어렵다면 종이 미로를 이용해 보자. 종이에 간단한 모양의 미로를 그리고 시작(start)과 종착점(stop)을 표시한다. 아이는 눈을 가리고 연필을 잡는다. 엄마는 말로 방향을 안내하고, 아이는 안내에 따라 연필을 움직여 종착점까지 선을 그어 도착한다.

🍊 스무고개

스무 번의 질문을 통해 상대가 생각하는 단어나 문장을 맞히는 놀이다. 머릿속에 단어를 떠올리고, 그 단어의 이미지나 실질적인 모습, 특징 등을 상상할 수 있는 연령대에 할 수 있는 게임이다. 질문자는 예 또는 아니오로 대답할 수 있는 질문을 해야 한다. Yes/No question을 효과적으로 배울 수 있는 놀이다.

놀이 방법

① 한 사람이 단어 하나를 떠올린다.
② 다른 한 사람이 그 단어가 무엇인지 맞히기 위한 질문을 한다.
③ 질문에 예/아니오로 답한다.
④ 질문할 수 있는 기회는 20번. 정답을 맞히고 남은 질문의 개수가 자신의 점수가 된다(예를 들면, 질문 16번 만에 정답을 맞혔을 경우 4점을 얻는다).

놀이를 위한 맘톡 tip!

- Mom says : Let's do twenty questions. 스무고개 하자.
  Are you ready? 준비 됐지?
  Let's start. 시작하자.

(아이가 머릿속으로 한 단어를 떠올린다.)

- Mom says : Is it in the water? 물속에 있는 거야?
- Baby says : No. 아니요.
- Mom says : Is it on the ground? 땅에 있는 거야?
- Baby says : No. 아니요.
- Mom says : Is it in the sky? 하늘에 있는 거야?
- Baby says : Yes, it is. 네 맞아요.
- Mom says : Is it a bird? 새야?
- Baby says : No, it isn't. 아니요.
- Mom says : Is it fly? 날 수 있어?
- Baby says : No, It isn't. 아니요.
- Mom says : Is it a cloud? 구름이야?
- Baby says : Yes, it is! 네!
- Mom says : Oh, I got it! 와! 엄마가 맞혔다!
  It's my turn to answer now. 이제 엄마가 대답할 차례다.

연습 어휘 : 제한 없음

연습 문장 : A: Is it in/on/under/from/to _____?

　　　　　B: No, it isn't. 아니야.

　　　　　　Try one more time. 한 번 더 해 봐.

　　　　　　Yes, it is. 맞아.

　　　　　　You got it. 맞았어.

t i p s : 전치사와 to를 넣어 질문하면 쉽다. 모르는 단어는 우리말로 해도 좋다. 단, 놀이가 끝난 후 엄마와 함께 사전을 찾아보자.

🍎 사전 끝말잇기

아이들은 끝말잇기를 좋아한다. 말할 차례가 되었을 때 머릿속에 담고 있는 어휘의 바다에서 적절한 단어를 건져 내어 말하는 것에 놀이의 묘미를 느끼기 때문이다. 하지만 영어는 아직 우리말만큼의 어휘가 채워져 있지 않기 때문에 끝말잇기가 더 어렵게 느껴질 수 있다. 그래서 아이에게 사전 사용을 허락하면 어휘 제한의 장애를 극복하면서 재미있게 놀이를 할 수 있다. 끝말잇기를 즐기면서, 사전 찾는 법도 빠르게 습득하고, 무엇보다 사전을 친근하게 여기도록 하는 놀이다.

놀이 방법

① 영어 사전 하나를 준비한다. 단, 아무 때나 펼칠 수 없다.
② 엄마가 외치는 단어로 끝말잇기를 시작한다.
③ 끝말잇기가 막혔을 때 사전 보기 찬스를 이용하여 단어를 찾아본다.
④ 30초 이내에 다음 단어를 말하지 못 하면 점수를 잃고, 새로운 게임을 시작한다.

놀이를 위한 맘톡 tip!

- Mom says : Let's do dictionary word chain. 사전 끝말잇기 하자.
- Baby says : OK! 좋아요!
- Mom says : elephant 코끼리
- Baby says : telephone 전화기
- Mom says : egg 달걀
- Baby says : Can I see dictionary? 사전 봐도 돼요?
- Mom says : Sure, go ahead. 그럼 봐도 되지.
- Baby says : glorious 영광스러운
- Mom says : seesaw 시소
- Baby says : Um.......
- Mom says : You have 10 seconds. 10초 남았다.
- Baby says : Ah.......

- Mom says : Sorry, times up. 미안하지만 시간이 다 됐네.
- Baby says : Okay, you won. 그래요. 엄마가 이겼어요.
- Mom says : Let's do it one more time. 한 번 더 하자.
  You go first this time. 이번에는 네가 먼저 해.

연습 어휘 : 제한 없음

연습 문장 : You have ( ) seconds. (괄호 안에는 몇 초에 해당하는 숫자가 들어간다.) ( )초 남았습니다.

Sorry, times up. 시간 다 됐어요.

t i p s : 사전을 찾을 수 있는 기회는 아이의 어휘 수준에 따라 조정한다. 한 게임 안에서 같은 단어는 두 번 이상 반복하지 않기 등의 규칙을 정하면 게임이 더 재미있어진다.

6
영어 교과서 펼치기 전, 딱 이만큼만
- 초등학교 저학년을 위해 -

효과 좋은 공부 방법

　　　　　　　　　　　　　　　　같은 내용을 학생들에게 강의한다, 독서하게 한다, 토론하게 한다, 발표를 시킨다. 이 중 학습자의 기억에 가장 많이, 그리고 오래 남는 공부법은 무엇일까? 미국 행동과학연구소에서는 사람들에게 다양한 방식으로 학습을 시키고 24시간 뒤에 공부 내용이 얼마나 남아 있는지 비율을 계산하여 어떤 공부법이 효율적인지에 대해 연구했다.

　강의는 5%, 독서는 10%, 미디어를 이용한 교육은 20%, 시범이나 견학은 30%의 효율성을 보였다.

　우리가 초등학교에 입학해서 대학을 졸업할 때까지 공부하는 방법은 청강과 독서가 대부분이다. '공부'하면 대부분의 사람들이 제일 먼저 떠올리는 이미지도 교실 책상에 앉아 있는 학생의 모습이다. 이런 방법으로 공부하면 머릿속에 과연 얼마나 남을까? 위의 연구 결과에 따르면 열 가지를 공부하고도 머리에 남는 것은 많아야 한두 개뿐이다. 그나마도 시험 보고 나면 다 잊어버린다.

반면 토론은 50%, 직접 체험해 보는 것은 75% 정도 머릿속에 남는다. 학습 방법 중 가장 효과적인 방법은 다른 사람을 가르치는 것으로, 90% 정도 머릿속에 남는다고 한다. 학창시절 친구에게 어려운 문제를 설명해 본 경험이 있는 사람은 이 말을 이해할 것이다. 누군가를 가르치려면 우선 나 자신이 그 지식에 대해 잘 알아야 하고, 설령 완벽하게 알지 못 하더라도 상대를 가르치며 잘못 알고 있는 내용, 부족한 부분 등을 투명하게 보고 수정, 보충할 수 있기 때문이다. 누군가를 가르치는 일을 직업으로 삼는 '선생님'들은 덕분에 최고의 공부를 매일같이 하고 있는 셈이다. 누군가를 가르치기 위해 공부하고, 그 내용을 가르치며 공부하고, 예습이나 복습을 도우며 또 공부한다. 이렇듯 교실 안에서 가장 공부를 많이 하는 것은 아이러니하게도 가르치는 선생님이다.

북경의 한국 국제학교에 파견 근무를 나갔을 때 새로운 언어를 배운다는 사실에 무척 흥분해 있었다. 현지에 가서 중국어를 배우는 것이니까 한국에서 영어 공부를 했던 것보다 훨씬 쉬울 것 같았다.

학교는 한국에서 파견된 교사들이 빠르게 적응할 수 있도록 아침마다 중국어 교실을 열어 주었다. 매일 아침마다 들었던 중국어 수업은 100% 강의식 수업이었다. 50분 간 강의가 끝나면 강사는 숙제를 하나씩 내 주었는데, 주로 본문을 베껴 쓰거나 새로운 낱말을 세 번씩 쓰라는 것이었다. 처음에는 이 수업 방식이 매우 고리타분하다고 느꼈다. 단어를 한 자 한 자 쓰고 외우며 학창 시절로 돌아간 기분도 들었다. 그런데 왜 선생님들이 쓰면서 외우기를 시켰는지 알 것 같았다. 말하는 연습도 중요하지만 쓰고 외우면서 손으로 글자를 익히는 과정이 없었다면 결코 생소한 말들을 배울 수 없었을 것 같았다. 무언가를 배우는 학생들이 그것을 직접 경험해 보는 것이 얼마나 중요한지 그때 깨달았다. 중국에서 다시 외국어를 공부하는 학생이 되어 본 경험은 교실 책상에 앉아서 내 수업을 듣는 아이들을 이해하는 소중한 경험이었다.

아이를 키우고 가르치다 보면 엄마의 얼굴이 아닌 조련사의 모습으로 변할 때가 많다. 엄마가 이상적으로 생각하는 성장만을 강요하다 보면 아이도 엄마도 힘들다. 엄마가 진정한 부모로 거듭나고, 아이도 올바른 방향으로 성장하려면 동반 성장에 중점을 두어야 한다. 아이와 함께 성장해 나가는 부모만이 아이의 성장을 제대로 이해하고 그 속도에 발을 맞출 수 있다.

대부분의 엄마들이 자녀가 공부하는 것을 좋아한다. 하지만 자식에게 공부하라고 시켜놓고 엄마는 TV나 스마트폰을 보는 경우가 있다. 의외로 아이가 공부하는 시간에 '노는' 부모님들이 많다. 지금까지 지켜본 바에 의하면, 공부 잘하는 아이 옆에는 함께 공부하는 엄마(아빠)가 있었다. 자녀에게 공부하라고 지시만 하는 것이 아니라 함께 노력한다.

무엇이든지 혼자 하면 힘들고 재미도 없다. 공부는 특히 그렇다. 하지만 누군가와 함께 한다면 없던 의지가 생기기도 하고, 계속해 나갈 힘도 생긴다. '자기 주도 학습'은 말처럼 오로지 아이의 의지만으로 혼자 하는 게 아니다. 선생님이든 부모님이든, 아이에게 공부 계획을 세우는 방법과 올바른 방향을 알려 주고, 더 쉬운 길이 있다면 제안해 주어야 한다. 그게 밑바탕이 된 다음 아이가 스스로 책상 앞에 앉아 공부하는 것이야말로 진정한 '자기 주도 학습'이다. 절대 혼자서 '잘하도록' 내버려 두는 것이 최선이 아니다. 부모의 도움으로 한 단계씩 발전해 나가며 아이는 자신감을 얻게 되고, 자신의 흥미를 찾게 된다. 스스로 이것저것 시도해 보면서 진정한 의미의 자기 주도 학습을 완성해 나간다.

나의 학창시절 최고의 공부 짝꿍은 어머니였다. 초등학교 시절 책을 읽어 주시던 것뿐만이 아니라 중학교에 진학해서도 어머니는 시험에 나올 만한 내용을 함께 암기해 주시거나, 본인이 알고 있는 쉬운 암기법을 가르쳐 주시기도 했다. 내가 공부 짝꿍이 필요하여 부탁할 때 단 한 번도 거절하신 적이 없다. 그렇게 칠흑같이 어둡던 고3 시절도 어머니 덕분에 잘 버틸 수 있었다.

잘 알려진 것처럼 노벨상 수상자 중에는 유대인이 많다. 1901년부터 2015년까지 집계에 따르면(jinfo.org) 유대인 수상자는 194명이다. 이는 전체 노벨상 수상자의 22%다. 유대인의 전체 인구가 전 세계 인구의 약 0.25%정도인 점을 감안하면 놀라운 수치다. 유대인은 어떻게 이렇게 많은 노벨상 수상자를 키워 낼 수 있었을까? 이들의 교육법에 해답이 있다.

유대인 자녀들은 아주 어릴 때부터 공부 짝꿍과 하브루타를 한다. 하브루타란 짝을 지어 대화하고 질문하고 토론과 논쟁을 하는 것이다. 궁금한 것을 혼자 궁리하기 보다는 누군가와 함께 문제를 공유하고 대화하면서 호기심을 해결한다. 짝꿍과의 토론을 통해 사고력을 키우는 것이다. 수많은 노벨상 수상자를 키워낸 유대인의 교육 방식에도 핵심은 공부 짝꿍인 것이다.

대화 상대가 필요한 외국어 학습에 공부 짝꿍의 존재는 매우 중요하다. 아이에게 영어로 간단히 말을 건네거나 아이가 하는 말에 대답을 해 주는 역할만으로도 큰 도움이 된다. 때로는 선생님이 되었다가, 때로는 함께 토론하는 친구가 되었다가, 아이가 자신의 공부 결과물을 설명할 때에는 그것을 경청하는 학생이 되는, 그런 공부 짝꿍이 되어 주자.

자신의 영어 실력이 '엄마표 영어'를 실천하기에 충분하다고 생각하는 부모는 많지 않을 것이다. 우리는 그 누구도 완벽하지 않다. 일류대학의 영어과 교수라고 자신의 자녀에게 영어를 잘 가르칠까? 그럴 수도 있지만 아닐 수도 있다. 영어를 잘하는 부모가 정작 자녀의 영어 교육에 고생하는 모습을 종종 보았다. 그 이유는 자신이 영어를 처음 배웠을 당시의 기분을 잊어버리고, 내 방식이 옳다는 불도저 같은 마음으로 밀어붙이려 하기 때문이다.

오히려 조금 부족하고 수준 높은 어휘를 모르더라도, 살뜰한 마음으로 아이의 학습 패턴과 속도를 살펴봐 주고 보조를 맞춰 주는 부모가 훨씬 훌륭한 길잡이일 수 있다. 어떤 면에서 보면, 엄마가 영어를 못 할수록 '엄마표 영어'에는 좋다. 영어에 자신이 없는 엄마일수록 아이와 진정으로 함께 공부할 자세를 갖추기 쉽고, 눈높이 또한 잘 맞추기 때문이다. 수업 시간에 선생님의 설명보다 친구의 설명이 귀에 쏙쏙 잘 들어오는 경우가 있지 않았는가? 영어를 잘 못하는 엄마도 선생님 대신 친구처럼 아이의 훌륭한 공부 짝꿍이 되어 줄 수 있다.

아이는 부모의 인생을 바꾼다. 특히 엄마의 인생을 바꾼다. 아이를 낳고 기르는 일은 세상에서 가장 어렵다. 아이 키우는 지금이 참 버겁다. 잘 나가던 내가 집에 들어 앉아 애만 보고 있는 것이 무기력하게 느껴지기도 한다. 그러나 아이를 교육하는 것은 그 누구에게도 맡길 수 없는 엄마 고유의 영역이며 엄마의 특권이다.

아이에게 영어 공부를 통해 크게 도약할 수 있다는 것을 보여 주자. 아이와 엄마는 환상의 파트너이다.

말하기
연습 놀이

  아기가 처음 '엄마', '아빠'를 말하기 시작하고 한 문장을 구사하는 데까지 걸리는 기간은 개인차가 크다. 우리 아들(주안이)은 8개월 즈음 '엄마', '아빠'를 말하기 시작해서 14개월에는 엄마가 하는 말을 단어 수준에서 따라 하기 시작했다. 그림책에 자신이 아는 그림이 나오면 코끼리는 '코', 강아지는 '멍' 이런 식으로 말했다. 나의 주요 관심사가 언어 교육이기 때문에 아이의 언어 발달에 중점을 두고 유심히 관찰하며 신경을 썼다.

아이의 언어 발달을 위해 기본적으로 실천해야 하는 방법은 '엄마가 아기에게 계속 말을 걸어주는 것'이다. 그러나 막상 대답 없는 아이에게 계속 말을 건다는 것은 쉬운 일이 아니다. 게다가 너무 길고 자세히 말하면 아이가 못 알아들을 것 같아 신경이 쓰였다. 그래서 꼭 알려 주고 싶은 단어를 말할 때는 천천히 분명하게 발음해 주었다. 실물을 가리키거나 보여 주며 발음을 알려 주는 것도 큰 효과가 있다.

어느 날 주안이가 이유 없이 보채기 시작했다. 혹시나 해서 "주안이 우유 먹고 싶어?" 했더니 고개를 끄덕이는 것이 아닌가? 싫다고 도리도리한 적은 있지만, 고개를 끄덕이는 것은 몇 번을 가르쳐 줘도 하지 않았던 것이다. 나는 그 미세한 고개의 움직임을 놓치지 않았다.

"어, 주안이 우유 줘?"

나는 잔뜩 흥분해서 다시 물었다. 그 물음에 주안이는 확실히 고개를 끄덕여줬다. 다행히 이 역사적인 장면을 주안이 외할머니도 함께 목격하셨다.

"엄마, 엄마, 봤지? 주안이 고개 끄덕이는 거 봤지?"

"그래, 애가 이제 고개 끄덕일 줄도 아는구나."

나는 감동에 겨워 눈물이 날 것만 같았다. 8개월 즈음부터 아이에게 끄덕끄덕과 도리도리를 어떨 때 사용하는지 알려 주었는데, 이제야 써먹다니, 녀석! 너무나 사랑스러웠다. 더 놀라운 것은 내가 복직한 이후로 아이와 보낼 수 있는 시간이 훨씬 짧아졌는데도 이전에 가르쳐 준 것을 잊지 않고 있었다는 사실이 놀랍고 대견했다.

말문이 트이기 전 아이의 말하기 연습은 전적으로 엄마와의 말하기에 달렸다. 얼마나 유효한 말을 많이 들려주었는가가 관건인 것이다. 엄마에게 많은 말을 듣고 대화를 하던 아이가 말문이 트이기 시작하면 그때부터 대화가 되는 느낌이 들 것이다.

학교에서 대화를 나누거나 발표할 때 말을 조리 있게 잘하는 아이들을 보면 대개 부모님이 말을 잘 하신다. 그렇지 않은 경우라도 부모가 아이의 말 연습에 대한 중요성을 인지하고 말하기 연습을 시킨 경우가 많다.

초임 교사 시절, 말 잘하는 아이들의 성장 과정이 궁금해서 그 아이들에게 가정의 분위기나 대화 방법에 대해 물어본 적이 있다. 한 아이는 자신의 말하기 비결이 가족회의에 있다고 대답했다. 그 말을 듣는 순간 대학시절 감명 깊게 읽었던 『엘리트보다는 사람이 되어라』의 한 부분이 떠올랐다. 그 책의 저자도 자녀들과의 소통을 위해 금요일 밤마다 가족회의를 했다고 한다. 가족이 공동으로 겪는 문제를 두고 해결 방안에 대해 토론했는데, 그로 인해 아이들이 학교에서도 자신의 의사를 주도적으로 조리 있게 표현하는 데 큰 도움이 되었다고 한다.

아이의 말하기 훈련을 위해 가족회의부터 시작해 보기를 권한다. 아이가 아주 어리다면 토론을 하기보다는 "What do you think? 네 생각은 어떠니?" 하고 물어보자. 아직 어린 아이는 그게 무슨 뜻인지 알아듣지 못할 수도 있다. 그러나 자신이 가족의 중요한 구성원으로서 존중받고 있다는 것과, 주도적으로 무언가를 생각해야 하는 존재라는 느낌을 분명 받았을 것이다.

말을 잘하는 아이들의 부모님은 자녀의 말을 경청하고 존중해 준다는 공통점이 있다. 자신의 발언과 의견이 존중받는다는 느낌을 얻으면 아이들 역시 말 한 마디 한 마디 신중하게 하게 되고, 그만큼 말을 잘하게 된다. 외국어를 잘 하려면 우리말 실력부터 탄탄하게 다져야 한다. 특별한 경우가 아니고는 우리나라에서 나고 자란 아이가 우리말은 잘 못하면서 영어만 잘하는 아이는 없다.

말하기 연습을 위해 아이와 엄마가 집에서 할 수 있는 놀이들이 있다. 학교에서도 많은 선생님들이 활용하는 방법이다. 당연히 처음에는 잘 못한다. 아무리 쉬는 시간에 큰 목소리로 친구들과 떠들며 노는 아이들도 멍석을 깔아주면 조용해진다. 그러나 꾸준히 하다보면 어느 순간 자신감이 붙고 발음도 정확해진다. 매일 긴 시간을 투자하거나 무리해서 할 필요는 없다.

편안한 집 안에서 가족들과 재미있게 할 수 있는 말 연습을 소개하겠다.

Show and tell

자신이 좋아하는 물건을 가족들에게 소개하는 시간을 가져 보자. 저녁 식사 후 가족들이 거실에 둘러 앉아 TV 시청을 하는 대신 아이에게 자신의 생각을 발표할 기회를 준다. 어떤 말이라도 좋다. 하지만 아무 말이나 하라고 하면 아무리 어른이라도 무슨 말을 해야 할지 막막하다. 아이가 좋아하는 물건을 들고 그것을 소재로 이야기하라고 하면 쉽게 말문을 튼다. 영어로 말하는 것이 어려우면 한국어로 먼저 연습을 하도록 한다. 엄마가 먼저 시범을 보이자.

"이건 캐스터네츠야. 딱딱딱, 소리가 나는 악기지. 이 악기의 색은 주황색이야. 눈 모양 스티커도 붙어 있어. 하나가 더 있으면 두 손에 들고 연주할 텐데, 하나라서 아쉽다. 그래도 괜찮아. 이 캐스터네츠가 있어서 주안이가 심심할 때 연주해 줄 수 있으니까."

캐스터네츠를 들고 쉽게 설명해 보는 것이다. 영어로도 간단히 설명해 보자.

"I have castanets. Its color is orange. It has two eyes. I wish I had two castanets so I can play them with two hands. It's ok though. I can play castanets for my son when he is bored.

아이 차례가 되면 처음에는 당연히 횡설수설하기도 하고, 엉뚱한 말을 할 수도 있다. 몸도 배배 꼬고 실실 웃으며 창피해 하기도 한다. 하지만 시도 자체만으로도 충분히 칭찬해 주고 함께 기뻐해 주면 아이가 'Show and tell' 시간을 즐길 수 있게 된다. 거실 한 켠에 무대를 만들어 주자. 꾸준히 사람들 앞에서 말 하는 연습을 하고, 그것이 습관이 되면 새로 배우는 영어 단어나 문장을 한두 개 정도 넣어서 'Show and tell'에 응용할 수도 있다. 영어와 한국어를 섞어서 쓰는 과도기를 지나 영어로만 1분 정도 말할 수 있게 되면 아이가 어느 장소, 어느 상황에서도 영어 말하기에 자신감을 얻게 될 것이다.

영어 친구 찾아
삼만리

　　　　　　　　　　　　엄마표 영어로 기본적인 실력을 갖춘 아이가 영어를 더 잘하려면 어떻게 해야 할까? 대부분 영어 학원을 떠올릴 것이다. 실제로 작문이나 회화 실력을 키우는 가장 효과적인 방법은 되도록 많이 쓰고 말하는 것이다. 그런데 만약 학원을 다니며 영어 실력을 키운다면 얼마나 많은 연습을 할 수 있을까? 많아야 하루 한두 시간, 일주일에 두세 번, 그마저도 여러 사람과 함께 수업을 들으면 한 사람당 직접 영어를 사용할 수 있는 기회는 많지 않다.

　정말 아이가 영어 실력을 키우도록 돕고 싶다면 원어민과의 1:1 친구맺기를 추천한다. 엄마표 영어로 작문 및 회화 등 심화 과정까지 해결해 줄 수 있다면 좋겠지만, 그게 어렵다면 엄마의 발품으로 해결해 줄 수 있다.

원어민 선생님을 찾는 게 예나 지금이나 쉬운 일은 아니다. 내가 어릴 때 드물긴 해도 원어민 선생님과 영어 공부하는 친구들이 있었다. 원어민을 처음 본 것은 초등학교 4학년이었다. 옆집 언니가 원어민 선생님을 초빙해 공부했었는데, 그때 생전 처음 외국인을 목격했고, 영어로 하는 말을 들었다. 나는 마치 조선시대 사람이 처음 푸른 눈의 서양인을 보고 호기심을 느꼈던 것처럼, 그때부터 '외국'에 대해 관심을 갖기 시작했다. 외국 사람들은 어떻게 말하고, 어떻게 생각하는지, 어떤 문화를 누리며 살아가는지 궁금했다. 그때 이후로 점점 새로운 나라에 대한 흥미가 생겼고, 외국인들과 자유롭게 의사소통하며 교류하고 싶었다.

이렇게 새로운 언어권의 사람을 슬쩍 보기만 해도 호기심이 깊어지고 시야가 넓어지는 느낌인데, 외국 사람과 직접 대화를 할 수 있다면, 그리고 친구가 될 수 있다면 얼마나 더 큰 긍정적 영향이 있을까?

외국에 나가지 않고 원어민과 직접 만나 영어로 대화 나눌 기회를 찾기란 어려운 일이다. 대학생이 된 후에도 외국인과의 대화에 갈증을 느꼈던 내가 찾은 방법은 '펜팔'이었다. 펜팔은 한국어를 배우고 싶어하는 외국인이나 한국에 관심이 있는 영어권 사람과 편지, 혹은 이메일을 주고받으며 영작 실력도 키우고 그 나라 문화에 대해서도 배우는 1석 2조의 효과가 있는 방법이다. 게다가 이렇게 펜팔을 통해 영어 문장 쓰기 연습을 하면 학원에 가서 배우지 않아도 문장의 구조와 구성, 말하는 방법 등에 익숙해져 비교적 쉽게 말하기 능력을 기를 수 있다.

어린 아이가 모르는 단어의 뜻을 엄마에게 묻듯, 외국인 친구가 있으면 잘 모르는 영어 표현에 대해 편하게 물어볼 수 있고 내가 공부한 내용이 맞는지 확인할 수 있다. '맞다'는 확신이 있으면 방황하는 시간을 줄일 수 있기 때문에 여러 모로 경제적이다. 게다가 펜팔 친구와의 대화는 공부라기보다 수다 떨 듯 재미있게 대화한다는 느낌이 들어 즐겁다.

내가 초등학교 교사가 된 뒤 아이들에게 가장 해 주고 싶었던 것이 바로 외국인 친구를 만들어 주는 것이었다. 아이들의 영어 실력을 가장 효과적으로 높일 수 있는 방법이자, 재미있게 영어를 습득할 수 있는 방법이라고 생각했기 때문이다. 방법을 찾던 중 검색을 통해 epals.com라는 사이트를 알게 되었다. 이 사이트는 좀 더 효율적이면서 실제적인 방법을 통해 아이들에게 외국어를 가르치고 싶어하는 전 세계 교사와 학부모 들을 연결해 주는 곳이다. 펜팔(이메일로 주고받으니 e-pal이라고도 한다)을 통해 영어 공부를 할 수 있게 한 친구 찾기 사이트라고 생각하면 된다.

나는 당장 어느 나라 사람인지, 어떤 아이들을 가르치고 있는지, 왜 펜팔을 하고 싶은지 간단한 프로필을 작성하여 계정을 만들었다. 나와 함께 이 프로젝트를 진행할 이들의 연락을 기다렸는데, 생각보다 많은 곳에서 회신이 왔다. 미국, 영국, 호주뿐만 아니라 브라질, 터

키 등 영어권 국가가 아닌 곳에서도 연락이 왔다. 당시 나는 5, 6학년 전체 학급을 가르치는 영어 전담 교사였기 때문에 회신이 많이 올수록 반가운 상황이었다. 그중 영국에서 ESL반을 운영하고 있는 선생님과는 국제 우편을 통해 편지를 주고받는 정통 펜팔을 하였고, 나머지 뉴질랜드, 미국, 브라질 등 선생님과는 이메일을 주고받으며 학생들의 펜팔 상대를 찾아 주었다. 아이들은 실제 외국 친구와 편지를 주고받는다는 사실에 고무되어 영어 수업 시간 분위기도 덩달아 좋아졌다. 단순히 영어 성적을 잘 받기 위함이 아니라 '외국인 친구와 소통한다'라는 즐거움이 아이들에게 영어 공부에 대한 확실한 동기를 부여해 준 것이 틀림없었다. 이로 인해 영어 실력뿐만 아니라 해외 문화를 폭넓게 받아들이고 이해하려는 등 글로벌 마인드의 바탕을 마련했다는 점에서 이 프로젝트는 매우 성공적이었다.

선생님뿐만 아니라 엄마도 아이에게 외국인 친구를 만들어 줄 수 있다. 우선 위의 사이트에 접속하여 프로필을 입력해 보자. 연령대와 지역을 정확하게 입력해야 목적이 맞는 친구와 매칭할 수 있다. 처음 친구 찾기는 어렵지 않지만 아이가 펜팔을 꾸준히 이어가게 하기 위해서는 엄마의 지속적인 도움이 필요하다. 초반에는 비영어권 친구보다는 영어를 모국어로 하는 친구와 펜팔을 할 수 있도록 해주는 게 좋다. 이후 영작에 익숙해지고 좀 더 새로운 문화를 접하고 싶을 때 함께 실력을 키워 나갈 수 있는 비영어권 친구를 소개하는 등 단계에 맞게 아이의 펜팔을 독려하자.

시간 여유가 있다면 아이뿐만 아니라 엄마도 외국인 친구와의 펜팔을 추천하고 싶다. 아이와 공통된 관심사를 만들고, 모범을 보일 수 있다. 아이와 엄마가 서로의 외국 친구와 그들 문화에 대해 대화를 나눌 수도 있다. 이렇게 하면 아이와 엄마가 '함께' 공부하는 엄마표 영어를 지속하기 쉽다. 엄마의 영어 실력을 기르는 것은 물론 아이에게 더 큰 세상을 보여 줄 의지가 생길 것이다.

그밖에도 meetup.com이라는 사이트는 우리나라에 머무는 외국인들과 주제별 모임을 할 수 있다. 봉사, 등산, 여행, 식도락, 언어 교환, 영화 등 수많은 주제가 있다. conversationexchange.com도 전 세계의 언어 교환 희망자들을 연결해 준다.

온라인상에서 사람을, 심지어 잘 알지도 못 하는 외국인을 만나는 게 위험하다고 말하는 사람도 있다. 하지만 생각하기 나름이다. 언어 교환도 일종의 여행이라고 생각하면 된다.

여행은 일상에서 벗어나 새로운 경험을 통해 스스로를 성장시킬 수 있는 기회인 동시에, 예상치 못 한 위험과 사고에 노출되기 쉽다는 단점이 있다. 하지만 그 단점 때문에 평생 여행을 안 하는 사람은 없다. 해외여행에서 생길지도 모르는 몇만 분의 일 확률의 위험 때문에 여행지에서 얻을 수 있는 훌륭한 경험들을 모두 포기할 수는 없지 않은가.

예상 가능한 사고와 위험 요소는 사전에 충분히 숙지한다. 인적이 드물고 어두운 길은 되도록 가지 않는다거나 모르는 이가 지나치게 친근하게, 혹은 위협적으로 다가온다면 피한다. 위험이 감지되면 신속히 주변에 도움을 요청한다. 지도나 약도를 통해 이동 경로를 파악하고, 급한 일이 있을 경우 도움을 요청할 수 있는 전화번호를 외운다. 이 정도는 안전한 여행을 위해 쉽게 생각할 수 있다. 이처럼 낯선 곳을 여행할 때 준비하는 것들을 언어 교환 사이트 이용 전에도 숙지한다고 생각하면 쉽다.

사이트를 이용하여 펜팔 친구를 찾을지, 원어민 교사를 초빙할지는 엄마의 선택이다. 사이트 이용을 결정했다면 사전 준비를 통해 아이가 위험에 노출될 만한 상황을 차단하자.

아이의 언어 교환 친구를 성공적으로 찾아 주려면 우선 엄마가 아이의 영어 친구에 대해 확실한 기준을 세우길 권한다. 나이는 또래 아이, 같은 성별, 지역이나 학교가 확실히 인증된 회원이 좋다. 아이가 보면 안 되는 콘텐츠가 포함된 이메일은 차단될 수 있도록 하는 등 엄마의 사전 준비가 필요하다.

영어 공부 게임에 중독되게 하자

 요즘 아이들은 게임을 좋아한다. 밥도 굶으면서 게임을 한다. 게임에 중독이 되면 뭐든 게임과 연결 짓게 되고 TV화면도 게임 화면처럼 보인다. 내가 한참 '애니팡'에 재미를 붙였을 때에는 팡팡 효과음이 환청처럼 들렸다. '틀린 그림 찾기'에 몰두해 있을 때에는 TV를 보면서 잘못된 그림이 없는지 유심히 보는 내 모습을 발견하고 놀라곤 했다. 게임에 중독되면 심히 '몰입' 상태가 된다. 엄마들이 흔히 하는 말이 있다.

"네가 게임하는 시간의 반의반만큼이라도 공부를 하면 전교 1등도 하겠다."

엄마들의 로망이다. 공부에 중독되게 하는 것. 공부가 너무 재미있어서 잠자는 것, 먹는 것도 잊고 몰두해서 "좀 쉬면서 하렴" 하고 말하는 상황 말이다.

만약 그 게임이 '영어 게임'이라면 어떨까? 실제로 초등학교 남매를 둔 지인이 이런 말을 하는 것을 들었다.

"애들이 초등학교 3학년, 4학년인데 어느 날부터인가 자꾸 와서 게임을 하자고 조르는 거야. 그래서 대체 무슨 게임인가 봤더니, 영어 게임이더라고. 세상에 이런 일이 다 있어? 큰 애 얘기를 들어 보니 학교에서 엄청 재미있게 영어를 가르치나 봐."

나 역시 어린 시절 영어 공부에 중독되다시피 했었지만, 당시는 게임을 가지고 재미있게 가르쳐 주는 사람은 없었다. 나의 경우에는 운이 좋았지만, 재미없고 지루한 영어 공부에 중독된 듯 열중하기란 어려운 일이다. 특히 나이가 어릴수록 지루한 것은 못 참는 법. 게임처럼 재미있게, 승부욕을 자극하며, 눈에 보이는 점수를 쌓아준다면?

어떤 일이든 몇 번 하다 보면 습관이 된다. 어려운 단어도 여러 번 쓰다 보면 암기가 되는데, 재미있는 게임을 반복하면 어떨까? 아무리 어려운 규칙이나 게임 방식도 재미만 있으면 금방 외운다. 만약 이 재미있는 게임을 영어 공부에 이용한다면, 그리고 아이가 재미를 느끼고 꾸준히 한다면 그 이후는 엄마의 입에서 "밥 먹고 공부하렴" 말이 나올 일만 남는 것이다.

보통 게임이라고 하면 적과 싸워 이겨야 하는데, 그러기 위해 에너지나 아이템을 모은다. 적이 아닌 팀과 동맹을 맺기도 한다. 그렇게 해서 적을 무찌를 때마다 나의 레벨은 상승하고, 결국 원하는 것을 얻는다. 이걸 영어 공부에 적용해 보자. 다음은 내가 영어 공부 할 때 만들었던 영어 게임이다. 게임의 형식을 빌려서 만들어낸 공부법이다. 미션과 레벨, 아이템, 무찔러야 할 적 등 모두 있다. 다만 최후의 승자가 얻는 것은 없는데, 아이와 엄마가 의논해 아이가 원하는 '보상'으로 정하면 가장 좋다.

게임을 시작하기에 앞서 앞으로 게임이 진행되는 기간 동안 아이가 해야 할 영어 공부를 쭉 적는다. 꾸준히 실천할 수 있는 것으로 두세 개 정도 적는 게 가장 좋다. 예를 들면 영어 동요 한 곡 부르기, 매일 영어 그림책 한 권 읽기, 하루 단어 하나 암기하기 등. 이 목록을 Power-ups 칸에 쭉 적는다. 이 목록(아이템)을 각각 달성하면 점수를 얻는데, 이 점수는 일정 수준 쌓이면 레벨을 높여 주므로 매우 소중하다.

Bad guys 칸에는 예상되는 방해 요소들을 적는다. 아이가 평소 공부하기 싫을 때 하는 행동을 적으면 가장 좋다. 재미있는 만화보기, 친구와 놀러나가기, 공부 시간에 낮잠 자기 등. 이런 행동을 했을 때는 Power-ups로 쌓은 점수에서 마이너스를 한다.

Allies 칸에는 엄마표 영어를 할 때 도움을 얻을 수 있는 동맹 팀을 적는다. 함께 하는 친구들이나 엄마들을 적으면 된다. 이것도 두세 명 정도면 적당하다. 동맹들과 함께 모여 영어 공부를 할 때 그들이 점수를 얻으면 나도 점수를 얻는다. 서로의 성장이 내 레벨에 영향을 주는 것이다. 서로 응원하고 격려하며 의미 있는 교류를 해 보자.

2017년	1월	1 (월)	2 (화)	3 (수)	4 (목)	5 (금)	계
Power -ups (±5)	영어 동요 하나 부르기						
	영어 동화책 한 권 읽기						
	단어 하나 익히기						
Bad guys (±5)	영어 할 시간에 미루고 딴 일 하기						
	영어 할 시간에 안하고 TV 보기						
	영어 할 시간에 안하고 잠자기						
Allies (+10)	이성실 엄마 아들						
	김책임 엄마 딸						
	박근면 엄마 딸						
Total	아침 10분						

예시) John and Mom, - The English Masters

하루에 한 번씩 스코어를 계산해서 5점 이상을 얻으면 저금통에 넣을 코인을 넣어 준다. 레벨을 높일 수 있는 코인 개수는 엄마와 아이가 정한다. 일주일을 한 판으로 하여 일정 기간 동안 게임한 결과를 아이와 함께 정산하고 레벨이 상승할 때마다 그에 맞는 보상을 해 준다. 엄마와 경쟁해도 좋고, Allies와 경쟁을 해도 좋다.

나는 학교에서 학생들과 이 게임 방법을 통해 영어 공부에 재미를 들이고, 습관화하고 싶은 내용들 Power-ups을 강화해 나갔다. 반대로 고치고 싶은 나쁜 습관은 Bad guys로 설정하여 엄마 혹은 선생님의 잔소리 없이도 스스로 자제하는 효과가 있었다.

아래 표는 나를 훌륭한 교사로 만들기 위한 게임판이다. 엄마표 영어를 위해 수정 및 변형해서 활용해도 좋고, 개인적인 성취를 위해 활용해도 좋다.

Gyudo,-the Great teacher
Battle the Bad Guys, Activate Power-ups, Recruit Allies!!!

- 대한민국 아이들이 꿈을 꾸고 세계를 무대로 꿈을 이루는 데 교육이 그 역할을 다 하기를
- 대한민국의 교육 철학과 방법에 여러 나라가 공감하여 배우러 오기를
- 아이들과 사랑을 주고 받고 학부모와 신뢰를 주고 받으며 동료 선생님과 존경을 주고 받는 관계가 되기를

2017년	11월	1 (월)	2 (화)	3 (수)	4 (목)	5 (금)	계
Power -ups (±5)	원고 쓰기 2시간						
	교재연구 2시간 + ∝						
	학생 상담 1시간 + ∝						
	중국어 공부 30분						
	영어 공부 30분						
	독서 30분 + ∝						

Bad guys (±5)	아침에 늦잠 자기						
	청소 안하기(15분 청소)						
	두 시간 이상 가만히 앉아 있기						
	계획되지 않은 TV 시청						
	과식						
Allies (+10)	학생						
	학부모						
	아들						
	남편						
	동료 선생님						
	친구						
Total							

신분 구조 체계	누적 점수	현재 위치
평범한 선생님 1달	0점~500점	
실력 있는 선생님 2달	500점~1000점	
인기 있는 선생님 4달	1000점~2000점	
인정받는 선생님 6달	2000점~4000점	
신뢰받는 선생님 9달	4000점~6000점	
존경받는 선생님 12달	6000점~8000점	

영어 교과서 펼치기 전, 딱 이만큼만

영어는
체육이다

  초등학교 3학년 체육에 수영 종목이 있다. 어떻게 가르쳐야 학생들이 효과적으로 수영을 배울 수 있을까?

우선 교실에서 수영에 대한 이론을 배운다. 수영하는 방법, 사고를 예방하는 법 등 이론을 숙지한 뒤 실전 훈련에 들어간다. 교실에서는 한 시간만 공부해도 그 안에 다양한 이론을 배울 수 있지만, 수영장에서 한 가지 영법을 익히는 데 드는 시간은 최소 3~4시간이다. 체육 필기시험 점수는 100점이지만 실제로는 몸치라 물에 떠 있는 것조차 힘든 경우가 있다. 이론과 훈련이 균형을 이루지 못 했기 때문이다.

이론은 글과 그림, 몸동작 등 다양한 방법을 활용해 가르치지만 수영장에서의 훈련 방법은 단순하다. 몸을 직접 움직이는 것이다. 배운 내용대로 직접 움직여 보고 안 되면 될 때까지 반복한다. 반복하다 보면 예상치 못 한 순간에 몸이 움직이는 때가 온다. 영어 공부도 마찬가지다.

책상에 앉아 단어를 외우고 문법을 익히면 시험에서 좋은 점수를 얻을 수 있다. 하지만 그걸로 '진짜 영어'를 잘한다고는 할 수 없다. 진정한 의미의 영어 실력은 실제로 외국인과 의미 있는 의사소통을 할 줄 아는 것이다. 교실에서 배운 어휘, 읽기, 듣기, 쓰기, 말하기를 눈과 귀, 입과 손 등 몸으로 써먹을 수 있어야 한다.

그런데 이것은 말처럼 쉽지 않다. 이론을 외우는 것만큼 짧은 시간에 가능한 일은 더더욱 아니다. 학교 수업이 잘못되어서도 아니고, 수업 시간이 부족해서도 아니다. 한국에서는 학교에서 배운 영어를 실생활에서 훈련할 일이 없어서다. 흔히 토익, 토플 점수는 매우 높게 나오는데 영어로 의사소통은 어려운 사람들이 있다. 바로 이론은 확실히 배웠지만 훈련이 안 된 경우다. 20년 넘게 영어 공부를 한 사람으로서, 그리고 10년 넘게 영어를 가르친 교사로서 확실하게 말할 수 있다. 영어 실력은 실생활에서 반복 훈련한 경우와 그렇지 않은 경우 큰 차이가 있다. 노력은 배신하지 않는다는 말이 있다. 영어에 꼭 맞게 적용되는 말이다.

영어 공부는 수학이나 과학과는 다르다. 수학이나 과학은 공식 및 원리만 알면 이를 적용하여 풀 수 있는 문제가 많다. 사칙연산의 원리를 확실히 터득하면 계산을 하는 데 문제가 없다. 하지만 영어는 문법이나 어휘만 안다고 해서 다른 부분(말하기, 영작, 듣기 등)에 적용시킬 수 없다. 아무리 3인칭 현재 단수에 s를 붙인다는 원칙을 외워도 막상 말을 하려면 그 원칙대로 말하기 어렵다. 왜 그럴까? 영어는 원리와 논리를 배우는 과목이 아니라 원리와 논리를 배우기 위한 도구 교과이기 때문이다. 영어는 사실 수학, 과학보다는 체육에 가깝다. 머리로 배우기보다는 몸을 이용해 끊임없는 반복 훈련을 해야 제대로 써먹을 수 있는 과목인 것이다.

학교에서 이론을 배웠다면 집에서 엄마표 영어가 해야 할 역할은? 답이 딱 나온다. 직접 몸으로 영어 사용할 기회를 최대한 많이 만들어 주는 것이다. 그리고 앞서 소개한 방법들과 놀이를 통해 영어 사용을 습관화할 수 있도록 돕는다면 우리의 목표를 이룰 수 있다. 그러면 네 가지(어휘, 말하기, 듣기, 쓰기) 능력을 모두 갖추어 적재적소에 맞는 의사소통을 할 수 있다.

반복은 지루하다. 단순 반복은 영유아 시기에 최고로 즐거운 놀이지만, 초등학교 들어갈 나이만 되어도 반복하는 것을 싫어한다. 몹시 지루해 한다. 하지만 영어공부에는 반복이 최고다. 이럴 때는 엄마의 창의력이 필요하다. 한 가지 내용을 다양한 방법으로 반복하게 하여 지루한 느낌이 들지 않도록 하는 것이다.

예를 들어 walking, hopping, running, jumping 이라는 동작에 관한 단어들을 배웠다면 무작정 말하고 쓰게 하는 방법이 아니라, 직접 몸으로 표현해 보기, 엄마와 동작 맞히기 게임하기, 이 단어들이 들어간 동요 찾기, 사전에서 빨리 찾기 놀이 등 색다르게 활용한다. 이때는 되도록 온몸을 쓰게 하여 오감을 만족시킬 수 있도록 하면 좋다. 특히 동사나 형용사를 배울 때는 효과 만점이다. 그렇게 하면 어떤 상황에서 쓰는 어휘인지, 어떤 때에 어울리는 표현인지 본능적으로 익힐 수 있다. 다시 한 번 강조하지만 영어는 체육과 가깝다.

바로 뒤에 습관화에 대한 방법을 소개할 텐데, 습관화되기까지는 엄마가 옆에서 도와주어야 하지만, 일단 습관이 된 이후에는 엄마의 도움 없이도 저절로 나아갈 수 있게 된다. 바로 엄마의 로망이 실현되는 순간인 것이다. 하지만 쉽게 생각하지 말길 바란다. 아이의 영어 공부가 습관화되고 자동화되기까지 최소 10년은 하루 10분씩 엄마표 영어를 함께 하겠다는 각오가 필요하다.

🍅 엄마표 영어 습관화 전략 best 5

습관화는 영어 공부의 핵심인 만큼 구체적인 전략을 세워서 반드시 실천해야 한다. 다음은 엄마와 아이가 함께 실천할 수 있는 영어 공부 습관화 전략 중 가장 쉽게 실천할 수 있으면서도 효과가 확실한 방법 5가지를 선정한 것이다.

1. 달력에 표시한다.

공부한 날에는 달력에 표시를 한다. 매우 간단하고 우스워 보일 수 있는 방법이지만, 이 작은 행동이 가져오는 결과는 간단하지도 작지도 않다.

달력에 표시하며 날짜를 하나하나 지워 나가다 보면 계속하고 싶은 생각이 든다. 우리 인간에게는 무언가 시작을 하면 완성하고자 하는 심리가 있다. 끝마치지 못 하거나 미완성인 일은 계속해서 마음속에 남는다. 이 마음을 매일 영어 공부하는 데 동력으로 사용하자. 엄마 달력과 아이 달력을 따로 준비해 나란히 두고 비교하면서 표시해 나가면 엄마와 아이가 선의의 라이벌이 되어 경쟁을 할 수도 있다.

2. 타이머를 활용한다.

현대인들은 시간이 없다. 특히 우리 엄마들은 시간이 더 없다. 아이를 깨우고 학교에 보내면 집안 일이 쌓여 있다. 휘리릭 끝내 놓고 차 한 잔 마시며 쉬려고 앉는 순간 아이는 방긋 웃으며 집으로 돌아온다. 좋은 습관도 시간이 있어야 만들 수 있는 것 아닌가? 하지만 중요한 일은 바쁜 사람에게 맡기라는 말이 있다. 바쁜 사람의 일 처리가 더 신속하고 정확하기 때문이다.

바쁜 사람에게 타이머는 일종의 긴장 유발 장치다. 흘러가는 시간을 타이트하게 쪼개어 활용할 수 있도록 만들어 주는 것이다. 실제 학교 교실에서도 아이들에게 활동 시간을 주면서 타이머를 사용할 때와 사용하지 않을 때 집중하는 정도가 확연이 다르다.

타이머를 활용하면 짧은 시간 내에 집중력을 높여 바짝 공부할 수 있다. 매일 엄마표 영어에 사용하는 10분의 질을 높여 준다. 영어 공부뿐만 아니라 시간을 효율적으로 사용하는 연습도 할 수 있으니 간단하지만 훌륭한 방법이다.

3. 학습 일지

앞서 말했듯 일지 적는 일은 매우 중요하다. 공부한 것을 기록한다는 것은 매일 저축한 10분을 흘려보내지 않고 모아두는 것이다. 단 절대 5줄이 넘어가지 않게 한다. 간단하게 딱 5줄 미만으로 요약하여 오늘 아이와 함께 공부한 내용을 노트에 기록한다.

'간단하지만 매일 쓴다'를 기억하자. 이 기록이 결국 나와 아이의 오답 노트가 되고 추억이 되며, 엄마표 영어의 역사가 된다. 또한 내가 한 작은 일들이 축적되고 쌓여서 두툼해지고 있다는 것을 시각적으로 본다면 영어 공부를 계속해 나갈 동기가 될 것이다.

4. 작은 보상을 활용한다.

먼 훗날의 행복을 생각하며 당장 쉬고 싶은 유혹을 이긴다는 것은 대단히 힘든 일이다. 특히 어린 아이에게는 그런 생각조차 하기 버거울 것이다. 하지만 하기 싫지만 당장 내가 원하는 것을 얻을 수 있다면? 이제 막 걸음마를 연습한 아기도 눈앞의 인형을 잡기 위해 발을 내딛는다.

엄마표 영어에서 아이와 함께 작은 목표들을 세우고 이를 달성할 때마다 아이가 원하는, 그다지 크지 않은 보상을 해 준다. 보상이 아이를 망친다는 말도 있지만, 이는 아이가 자기 의지대로 무언가를 실행하고 얻는 것이지 떼쓰거나 고집 피우는 것을 순간 모면하기 위한 보상이 아니므로 걱정하지 않아도 된다.

보상은 평소 갖고 싶었던 물건일 수도 있고, 영어 공부를 위해 포기한 만화 한 편일 수도 있다. 보상은 손에 잡힐 듯 가까울 때, 눈에 보일 정도로 가까울 때 가장 강렬한 동기부여가 된다. 그러므로 목표와 달성 이후 보상을 되도록 단기간으로 잡자. '3일 보상'이 제일 적당한 듯한데, 이렇게 3일마다 보상을 3개월 동안 했다면 이후 보상 간격을 일주일로 늘려 보자. 차차 보상 간격을 늘리면 엄마표 영어의 습관화가 훨씬 수월해질 것이다.

5. 적어서 게시한다.

인간은 망각의 동물이다. 게다가 엄마가 되면 챙겨야 할 일은 점점 많아지는데, 출산 후유증인지 기억력까지 안 좋아진다. 사소한 일은 자꾸 까먹는다. 따라서 무의식중에 아이의 영어 공부 습관화를 위해 노력해야 한다는 사실을 떠올릴 수 있도록 휴대폰에도, 벽에도, 책상 옆 빈 공간에도 메모를 해 보자.

외워야 할 단어나 문장을 적어도 좋고, 엄마표 영어에 동기를 부여해 주는 나만의 메시지나 그림을 붙여 놓아도 좋다. 짧은 시간이나마 매일 노력해야 하는 엄마표 영어는 지구력을 요하는 일이다. 아이보다 엄마의 인내가 훨씬 많이 필요한 일이다. 그러므로 포기하고 싶을 때 스스로를 독려하고, 깜빡 잊었을 때 기억을 떠올리게 해 줄 만한 장치가 필요하다.

아이와 엄마가 영어 공부를 해서 얻을 수 있는 이익을 머릿속으로 그려 보자. 그리고 그걸 눈에 보이는 형태로 만들어 잘 보이는 곳에 게시하자. 이렇게 게시하는 것은 영어 공부를 잊지 않게 하는 효과도 있지만, 나의 무의식에도 영향을 미친다. 간단한 게시를 통해 무의식을 자극해 보자. 습관화는 물론이고, 잠재력의 씨앗이 싹이 되어 어느 순간 뿌리를 내리고 피어날 것이다.

영어와 책으로 놀기

0세부터 초등 저학년까지
활용하면 좋은 '책 놀이'

🚗 책으로 노는 법

아이들에게는 책 읽기도 놀이다. 책 읽기가 재미없다는 것은 어른들의 입장이다. 어릴 때는 엄마가 하는 행동 모두, 심지어 엄마가 귀찮아하는 청소와 빨래도 신기해하고 직접 해 보려고 한다. 아이에게 책 읽기 역시 다른 '재미있어 보이는 일'들과 마찬가지로 신기하고 흥미로운 일이다. 이 재미있는 일을 나이가 들어서까지 유지할 수 있게 해 주는 건 부모의 역할이다.

책을 읽으면 좋다는 것을 모르는 사람은 없다. 그러나 우리나라 사람들은 세계에서 가장 책 안 읽기로 유명하다. 해가 갈수록 책이 팔리지 않아 출판업계의 매출이 급감하고 있다. TV나 스마트폰이 책의 자리를 차지한 지 오래다. 그러나 책은 사람의 인생에 변화를 일으키는 평화적인 도구다. 다 큰 성인도 독서로 인생의 혁명을 일으킬 수 있다. 이제 막 인생을 살기 시작한 아이는 어떨까? 책 안에는 우리가 시공간의 제약으로 직접 접할 수 없는 수많은 지혜와 성공의 비결이 담겨 있다. 아이가 독서를 통해 이것들을 접하고 삶을 꾸려 나간다면 인생을 사는 데 있어 엄청난 무기가 될 것이다.

독서 습관을 들이는 방법은 여러 가지가 있지만 아이와 함께 같은 책을 읽는 것이 가장 효과적이고 확실한 방법이다. 엄마가 매일 책을 읽어 주고, 독서하는 부모의 모습을 보여 주고, 책으로 놀아 주면 좋겠다.

영어도 책을 통해 가르치기를 권한다. 엄마표 영어에도 여러 가지 방법이 있지만, 책을 읽을 줄 아는 나이가 되면 책을 통해 가르치는 것이 가장 효과적이다. 창의적인 놀이, 활동적인 놀이, 흥미진진한 놀이 모두 좋지만 책을 활용한 놀이가 '이규도식 엄마표 영어'의 핵심이라고 할 수 있다.

다음으로 책을 활용해 어떻게 영어 놀이를 할 수 있는지 다양한 방법을 소개하려 한다. 영어책뿐 아니라 우리말 책을 읽을 때에도 동일하게 적용 가능하다. 영어책이기 때문에 어렵다 생각이 들면 우리말 책으로 먼저 해 보자. 어느 순간 엄마도 아이도 책과 가까이 있을 것이다.

놀이 방법 소개에 앞서 안내할 '책 놀이 활동 시 주의 사항'이 있다.
'남들이 좋다고 추천하는 책 무작정 믿지 말 것'

앞서 '엄마가 직접 책 고르는 방법(3장)'에서 소개한 것처럼, 추천 도서는 나에게 별 의미가 없다. 특히 이제 막 세상을 살기 시작한 내 아이의 흥미를 엄마인 나도 잘 모르는데 누군가의 의견에 끼워 맞추는 것이 억지라는 생각에서다. 추천 도서라고 해서 읽어 줬는데 아이가 좋아하지 않는다고 쉽게 포기하지 말자. 책은 매체이기 이전에 활자다. 주변을 살펴보면 읽어 줄 수 있는 게 많다. 과자 봉지, 간판, 각종 판촉물, 포스터, 단어 카드 등이 모두 읽어 주기의 재료가 된다. 이렇게 글자라는 것이 세상 모든 곳에 숨어 있다는 사실을 알면 글자에 관심을 갖게 되고 더 나아가 글자가 많은 책에도 자연스럽게 흥미를 보일 것이다.

🍎 책 놀이 시작 전에 질문하기

책을 읽고 질문을 할 때는 먼저 Yes/No question(Yes나 No로 대답할 수 있는 질문)으로 질문한 후에 WH question(Who, When, Where, What, Why, How로 시작하는 질문)으로 넘어가는 것이 좋다. 예를 들어 책표지에 사과가 듬뿍 든 사과 바구니가 그려져 있다고 가정하자. 이 표지에 대해 엄마가 아이에게 질문을 한다면 아마도 가장 먼저 "How many apples are there?"이 떠오를 것이다. 간단한 질문이지만 책 놀이를 처음 시도하는 어린 아이가 대답하기는 쉽지 않다.

　아이에게 Yes/No question을 해 보자.

"Is there a banana?" (책표지를 보여 주며) 바나나 있나요?

"Are apples blue?" 사과가 파란색인가요?

"Are they brother and sister?" 아이들은 남매인가요?

　이런 질문을 하면 쉽게 Yes/No라는 대답을 유도할 수 있다. 아직 영어가 편하지 않은 아이들은 WH를 이용한 엄마의 기습 질문에 당황하기 쉽다. 먼저 쉽게 대답할 수 있는 yes/no question을 먼저 하며 영어 질문에 익숙해진 뒤, 긴 답을 요하는 질문을 하면 쉽게 아이의 말문을 열 수 있다.

　그럼 본격적으로 책을 통해 영어와 가까워질 수 있는 방법을 소개하겠다. 연령대별로 나누었지만, 앞서 말했듯 연령보다는 아이의 영어 실력에 따라 엄마가 판단하여 적절하게 활용하면 좋겠다.

0세, 책과 친해지기

🌥 책 탑 쌓기

공부와는 상관없는 워밍업 단계다. 책을 처음 접하는 어린 아이, 혹은 책에 관심을 안 보이는 아이들이 책과 친해질 수 있는 간단한 방법이다. 책장에 있는 책을 다 꺼내서 누가 먼저 높이 쌓나 경쟁도 하고, 다양한 모양으로 쌓으며 놀기도 한다. 아이는 다른 장난감들을 갖고 놀 때처럼 책을 대할 것이다. 처음에는 책을 쌓거나 흐트러뜨리기만 하겠지만 익숙해지면 '뭐에 쓰는 물건인고' 하는 호기심이 생기는 것이다. 다른 장난감처럼 스스로 움직이는 것도 아니고, 블록처럼 단단한 것도 아니다. 얇은 종이가 여러 장 겹쳐져 있는데, 책을 쌓다 떨어뜨리면 촤르륵 펼쳐지기도 한다. 그 안에는 여러 가지 색깔로 그림도 그려져 있고, 빼곡히 글자가 적혀 있기도 하다. 물론 어른들 눈에는 그저 그런 '책'이라는 물건이겠지만, 처음 접하는 어린 아이에게 얼마나 신기한 물건일까?

'책 놀이'라고 해서 책 속 내용을 가지고 노는 것만 생각하지 말자. 여러 방면으로 책을 활용하는 것은 연령대가 조금 높은 아이들에게도 창의력을 자극할 수 있는 좋은 방법이다. 책 놀이를 하며 책에 익숙해진 뒤에는 책의 크기대로, 제목 첫머리의 알파벳 순서로, 책의 종류별로 책을 정리하는 등 책 자체에 익숙해지도록 해 보자.

놀이를 위한 맘톡 tip!

- Mom says : Let's make a book tower! 책으로 탑을 쌓아 보자. Who can make a taller tower? 누가 누가 더 높은 탑을 만들까?
- Baby says : Me, me! (책을 높게 쌓으면서)저요 저요!
- Mom says : Let's play making 'a book bridge'. 이번에는 책으로 다리 만들기 놀이를 해 보자!

🧸 동화 읽어 주기

아이용 영어 동화는 보통 한 페이지에 영어 문장 한 줄, 엄마가 모르는 단어도 한 페이지에 한두 개쯤 있을 것이다. 다행히 그림이 있기 때문에 엄마도 아이도 어렵지 않게 의미를 유추할 수 있다.

아이가 좋아하는 것은 과장된 행동, 반복, 소리이다. 그러므로 책도 최대한 감정을 증폭시켜 읽어 준다. 평소에는 담담한 톤의 목소리라 해도 노력해 보자. 어떻게 해야 하는지 감이 안 잡히면 애니메이션 성우를 떠올려 보자. 확 와닿을 것이다.

영어 동화를 읽을 때 엄마가 과장된 연기를 펼칠수록 아이의 집중력은 높아질 것이다. 하지만 대화가 통화기 전 아기들은 책 한 권을 다 읽기 전에 돌아다니며 다른 흥밋거리를 찾을 것이다. 그건 그것대로 좋다. 처음부터 한 권을 끝까지 다 읽어 줄 필요는 없으니까 말이다.

활동 단계
① 아이가 좋아할 만한 책을 준비한다.
② 큰소리와 다양한 목소리 톤으로 읽어 주며 아이의 관심을 집중시킨다.
③ 아이가 다른 것에 흥미를 보이면 책 읽기를 강요하지 않는다.

놀이를 위한 맘톡 tip!

- Mom says : Come here, John. 이리오렴 주안.
  I will read you a book. 엄마가 책을 읽어줄게.
  Sit on my lap. 엄마 무릎에 앉으렴.

손가락으로 짚어가며 읽기

아직 책을 읽지 못 하지만 글자 익히기 연습을 하는 아이들에게 좋은 책 놀이다. 이 활동은 소리와 글자를 연결할 수 있도록 돕는다. 손으로 짚어주는 작은 행동이 엄마의 입모양과 소리, 그리고 글자를 연결하는 데 결정적인 도움을 준다. 큰 글씨의 책을 천천히 또박또박 읽으며 손가락으로 하나하나 짚어가면서 읽어 주자. 아이의 특성에 따라 다르겠지만, 아이에게 따로 알파벳을 가르치지 않아도 이 놀이를 통해 익히는 경우가 있다.

3세 이후,
스스로 읽기가 가능할 때부터

　아이가 혼자 그림책을 들고 앉는 습관이 들 때까지 '책과 친해지기'만 해도 무방하다. 이후 아이가 영어를 읽을 줄 알게 된 뒤에라도 아이가 원한다면 '책 읽어 주기'를 멈추어서는 안 된다. 하지만 이때 여러 가지 변형을 하면 다양한 즐거움을 줄 수 있다.

그림 설명하기

　엄마가 책을 펼치면 아이가 해당 페이지의 그림을 묘사한다. 아이가 한 문장을 말할 수 있는 단계가 아니라면 엄마가 대신 표현해 주어도 좋다. 우리말을 가르칠 때처럼 아이가 가리키는 그림을 또박또박 소리 내어 설명해 주는 것이다. 아이가 따라할 수 있을 만큼 천천히, 정확히 들려주는 것이 포인트이다. 아주 간단한 문장도 괜찮다. 아이가 그림책의 주인공을 가리키면 "He is a tall boy." 하면 되고 누군가의 얼굴을 가리키면 "He is smiling." 하는 식으로 간단하게 엄마가 구사할 수 있는 문장을 말하면 된다. 아이가 손가락으로 그림을 짚을 때마다 재미있는 효과음을 넣어주면 더 즐겁게 집중한다.

이후 말하기 연습이 잘 되고, 아이가 영어로 문장을 말할 수 있을 때가 되면 그림을 스스로 설명하게 해 보자. 말하기와 영어 작문 연습을 동시에 할 수 있다.

활동 단계

① 엄마가 책을 한 번 처음부터 끝까지 쭉 읽어 준다.
② 엄마가 그림을 선택하고 그 그림을 묘사한다. 또박또박 들려주는 것이 중요하다.
③ 아이도 시도할 수 있는 기회를 준다.
④ 엄마와 번갈아 가면서 그림 설명 놀이를 한다.

번갈아 가며 읽기

아이와 한 문장씩 또는 한 페이지씩 번갈아 읽는다. 공을 주고받듯, 물 흐르듯 책 한 권을 읽는다. 장난감 마이크 또는 아이가 좋아하는 인형을 주거니 받거니 하면서 읽으면 간단한 소품의 등장만으로도 재미가 더해진다. 아이는 책 읽기를 재미있는 놀이로 인식하게 될 것이다.

활동 단계
① 아이가 좋아하는 그림책과 장난감 마이크(또는 인형)를 준비한다.
② 마이크나 인형을 주거니 받거니 하면서 책을 읽는다.

놀이를 위한 맘톡 tip!

- Mom says : Let's read together. 우리 같이 책 읽자.
  Take turns. 번갈아 가면서.
  I will read you the first line, then you will read me the next line. 내가 먼저 첫 줄을 읽을게. 네가 다음을 읽어 보렴.

🌧 숨은 단어 또는 숨은 그림 찾기

책 한 권에서 단어를 빨리 찾는 놀이다. 준비물은 타이머와 책. 엄마가 책에 있는 한 단어를 말하면 아이는 그 단어를 정해진 시간 내에 찾아야 한다. 시간 내에 찾으면 함께 정한 규칙에 따라 점수를 얻는다. 다음번에는 순서를 바꾸어 아이가 단어를 말하고 엄마가 단어를 찾아본다.

그림책으로 영어책 읽기를 시작하면 자칫 느린 속도로 읽는 습관이 들기 쉽다. 이 게임을 자주 하면 문장을 빠르게 훑어보고 원하는 단어를 찾아내는 연습을 하게 되어 속독에 도움이 된다. 책을 바꿔가며 한다면 몇 번을 해도 질리지 않는 재미있는 게임이다.

(아이가 아직 단어를 읽을 줄 모른다면 엄마가 영어로 제시어를 말하고 아이는 해당 단어에 맞는 그림을 찾아보자.)

활동 단계

① 그림책, 타이머를 준비한다.
② 엄마가 책에 있는 단어 하나를 골라 말한다.
③ 아이는 그 단어가 어디에 있는지 찾아서 엄마에게 보여 준다.
④ 엄마와 아이가 역할을 바꾸어서 놀이한다. 여러 판 진행 후 많은 점수를 얻은 사람이 승자다.

놀이를 위한 맘톡 tip!

- Mom says : If I tell you a word, look up the word in the book. 내가 한 단어를 말하면 그 단어를 책 속에서 찾아봐.
  The sooner you find it, the better. 빨리 찾을수록 좋아.
  Say stop, if you find it. 찾으면 'stop'이라고 말해.

I will time it. 엄마가 시간을 잴게.
Ready, go! 준비 시작!

- Baby says : Ok! 네!
- Mom says : market! 상점!
- Baby says : (그림책에 나온 market을 가리키며) Here! 여기요!
- Mom says : (타이머를 멈추면서) Oh, you got it. 그래, 맞았어.
　　　　　　It took 10 seconds. 10초 걸렸다.
　　　　　　You did a good job. 잘했어.
　　　　　　Now, it's your turn. 이제 네 차례야.

🔖 책 내용 기억하기

아이와 엄마가 책 한 권을 읽고 서로 생각나는 단어(가능한 실력이라면 문장도 좋다)를 번갈아 말한다. 처음에는 아무 생각이 안 날 수도 있는데, 이럴 때 엄마가 자연스럽게 장면을 떠올릴 수 있도록 질문해 주는 것도 좋다. "꼬마가 처음으로 만난 동물은?" "곰돌이는 뭘 먹고 싶어서 마을을 찾아갔지?"

이런 질문을 통해 아이에게 정답을 맞히게 하고, 이 게임에 익숙해지면 스스로 기억에 남는 단어, 혹은 짧은 상황 묘사 등을 하는 것이다. 엄마와 한 번씩 번갈아 가며 말해서 먼저 목표 점수를 얻는 쪽이 승자다.

이 놀이는 영어 단어, 문장 말하기뿐만 아니라 내용에 집중하도록 한다. 이 놀이에 익숙해질수록 처음 읽는 책이라도 기억할 수 있는 단어와 문장이 늘 것이다.

활동 단계

① 엄마와 아이가 같은 책을 읽는다.
② 몇 번씩 말할 것인지, 목표 점수는 몇 점인지 정한다.
③ 각자 기억나는 단어/문장을 번갈아 가며 말한다. 단어는 1점, 문장은 3점을 얻는다. 정확하게 말할 필요는 없지만, 상대가 알아들을 수 있는 정도여야 정답으로 인정된다. (아이가 어려워하면 엄마가 질문하고 아이가 답을 한다.)

놀이를 위한 맘톡 tip!

- Mom says : Could you say a word you remember from the book? 함께 읽은 책에서 생각나는 단어를 말해 볼래?
- Baby says : ummm. I don't remember well. … 기억이 잘 안 나요.
- Mom says : Ok, then I will ask you a question. What food did the bear want to eat to go to the village? 그럼 엄마가 질문을 할 테니 책 내용에 맞게 대답해 봐. 곰돌이는 어떤 음식을 먹고 싶어서 마을로 갔지?
- Baby says : Oh, I remember that, bread! 아, 기억 나요! 음… 빵

이요!
- Mom says : That's right. You got one point. I will tell you this time. 맞아! 단어를 맞혔으니 1점을 얻었네. 이번엔 엄마가 말해 볼게.

☁ 다음 장면 상상하기

이번에는 책을 읽다가 중간에 덮고 다음 장면을 상상하여 말해 보는 놀이다. 새로 사거나 누군가에게 빌린, 처음 읽는 책으로 놀이하는 것이 좋다. 내용을 몰라야 적극적인 책 읽기, 상상하여 답하기가 가능하다.

아이가 혼자 하기 힘들다면 엄마가 먼저 상상한 내용을 한 문장으로 말하고 다음 문장을 아이가 말하게 한다. 번갈아 가면서 이야기하다 보면 전혀 새로운 책 한 권이 완성될 것이다. 번갈아 말하기 때문에 예측 불가능해 더욱 재미있다.

아이가 어리다면 엄마 혼자 이야기를 상상하며 들려주어도 좋다. 이 놀이는 예측하기, 비판하기, 상상하기 등의 능력을 기를 수 있다.

활동 단계

① 새로운 책을 준비한다. 영어 그림책이 아니어도 상관없다.
② 처음부터 읽되, 뒷부분을 상상하기 좋은 장면을 선택한다.

③ 선택한 장면 뒤로는 책을 덮고 엄마와 아이가 함께 새로운 이야기를 만들어 본다.

놀이를 위한 맘톡 tip!

(쉬운 예시를 위해 그림책의 한 장면을 활용한다. 기차를 타려면 뽀뽀로 요금을 내야 한다는 내용의 동화다.)

- Mom says : Let's guess the next story together! 같이 다음 이야기를 상상해 보자.
  The train is starting to move. 기차가 움직이기 시작해요.
  They got to the next station. 다음 역에 도착했어요.
- Baby says : The baby bear is paying two kisses. 아기 곰이 요금으로 뽀뽀 두 번을 내네요.
  The lion is paying four kisses. 사자가 요금으로 뽀뽀 네 번을 내요.
- Mom says : They finally arrived Kiss Land. 그들은 결국 뽀뽀 나라에 도착했어요.

* 마지막 문장을 말하는 사람이 진다. 어떻게든 이야기를 이끌어 나가는 힘이 향상된다.

🍙 미니북 만들기

A4 이면지 한 장이면 8쪽의 미니북을 만들 수 있다. 미니북 안에 새로 배운 단어나, 잘 외워지지 않는 단어를 적는다. 단어와 간단한 뜻, 그림까지 그려 넣으면 간단하면서도 재미있는 나만의 영어 사전을 만들 수 있다.

* 미니북 만들기는 초등학교에서도 어휘, 쓰기 향상을 위해 많이 하는 활동이다.

활동 단계

① 모르는 단어의 뜻을 찾아 메모해 두고, A4 이면지 한 장, 가위, 필기도구를 이용해 그림과 같은 순서로 미니북을 만든다.

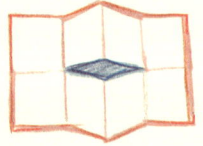
종이를 접고 표시된 부분을 칼로 자른다.

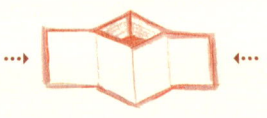
반으로 접은 뒤 양쪽을 누른다.

끝까지 눌러 십자 모양을 만든다.

붙어 있는 책장 끝을 자르면 완성!

② 앞, 뒤 표지는 남겨 두고, 미니북 책장 1쪽당 새로 알게 된 단어와 뜻을 하나씩 쓰고 그림도 그린다.
③ 앞, 뒤 표지까지 꾸미면 나만의 미니북 완성!

놀이를 위한 맘톡 tip!

- Mom says : Let's make a mini book. 미니북을 만들자.

    You can decorate the cover page like a real book. 표지를 진짜 책처럼 꾸밀 수 있어.

    What do you write on a cover page? 표지에는 뭘 넣을 거야?

- Baby says : A title, a name of the writer, and a publisher. 제목, 저자, 그리고 출판사요.

- Mom says : Good. 좋아.

    Why don't you write down the words and the meaning on the next page. 다음 페이지부터는 단어와 그 뜻을 써 보자.

    Draw pictures, too. 그림도 그리고.

- Baby says : Ok, mom. 네, 엄마.

내 아이의
영어 선생님은……

마음의 평온이 깨졌을 때 읽으면 편안해지는 시가 있다. 라인홀드 니버의 〈마음의 평정을 위한 기도〉다.

힘들 때마다 이 시를 읽게 되는데, 문득 '내 아이의 영어 선생님이 어떤 사람이라면 좋을까' 하고 생각하다가 이 시를 내 마음대로 고쳐 봤다.

주안이가 학교에 들어가면 이런 영어 선생님 만나게 하소서.

외국어가 공부가 아닌 놀이로 느끼게 하는 선생님 만나게 하소서.
아이 안의 샘시키기 학습을 방해할 수 없게 용기를 주는 선생님 만나게 하소서.
내 아이의 실력보다 딱 한 단계 높은 수준의 수업으로
도전하고 싶게 만드는 선생님 만나게 하소서.
아이가 스스로를 믿을 수 있도록 확신을 심어 주는 선생님 만나게 하소서.
내 아이 부족한 점을 사랑으로 너그럽게 포용해 주고
내 아이 장점은 통 크게 인정하고 칭찬해 주는 선생님 만나게 하소서.

이 기도를 하면서 이런 생각이 들었다. '과연 이런 선생님이 계실까? 아니, 나 자신은 내가 맡은 반 아이들에게 내가 기도하는 그런 선생님이었나?'

그래야 한다고 머리로는 알고 있지만 실제로 그렇게 했는가는 확신할 수 없다. 분명 진도에 쫓겨 충분한 설명을 해 주지 못 하고, 여러 아이들 앞에서 수줍어하는 아이에게 용기를 북돋워 주지 못 했으며, '평균 수준'이라는 편리한 핑계 뒤에 숨어 어떤 아이들에게는 너무 쉬운 수업, 또 어떤 아이들에게는 너무 어려운 수업을 했었다.

학교에서 내가 원하는 이상적인 선생님이 우리 아이를 가르쳤으면 하는 마음은 어떤 엄마에게든 있을 것이다. 나 역시 그렇다. 특히 내 전문인 영어 공부에 있어서만큼은 욕심이 난다. 하지만 교사로서 직접 경험해 본 결과 무척 어려운 일이라는 것을 잘 안다. 그래서 나는 아이가 학교에 가기 전 최대한 많은 시간을 함께 보내고, 그 시간을 '엄마표 영어'에 활용하려고 한다.

엄마의 영어 실력은 중요하지 않다. 하겠다는 결심과 약간의 노력, 그리고 끝까지 하고자 하는 의지만 있으면 된다. 아이가 실수하면 괜찮다 위로하고, 잘할 수 있다 용기를 주는 것은 선생님보다 엄마가 낫다. 매일 일대일로 반복해서 자연스럽게 기억하게 하는 것 모두 엄마가 잘할 수 있다. 무엇보다 내 아이 단점은 망원경 거꾸로 하듯 보고, 장점은 현미경처럼 크게 볼 수 있는 사람은 선생님이 아닌 엄마이지 않은가.

그러니 내 아이, 이런 선생님 만나게 해 주세요 보다는 제가 아이에게 이런 엄마가 되게 해 주세요 하고 기도하는 편이 낫겠다.

주안이에게 '엄마표 영어'를 이렇게 선물하는 엄마 되게 하소서.
외국어를 공부가 아닌 놀이로 느끼게 하는 엄마 되게 하소서.
한계를 극복할 수 있게 용기 주는 엄마 되게 하소서.
내 아이 수준보다 딱 한 단계 높은 동요와 그림책으로
신나게 놀아주는 엄마 되게 하소서.
아이 혼자 하도록 내버려 두지 않게 하고,
단짝처럼 늘 함께하는 엄마 되게 하소서.

아이가 스스로를 믿도록 확신을 심어 주는 엄마,
단점보다 장점을 크게 보는 엄마,
실수도 사랑으로 감싸 안는 엄마 되게 하소서.

-주안이 엄마 이규도

엄마표 영어, 놀이가 답이다

초판 1쇄 인쇄 2017년 10월 27일
초판 1쇄 발행 2017년 11월 6일

지은이 이규도
펴낸이 김선식

경영총괄 김은영
기획·편집 이은 **디자인** 심아경 **책임마케터** 이보민
콘텐츠개발3팀장 이상혁 **콘텐츠개발3팀** 이은, 윤세미, 심아경
마케팅본부 이주화, 정명찬, 이보민, 최혜령, 김선욱, 이승민, 이수인, 김은지
전략기획팀 김상윤 **저작권팀** 최하나 **경영관리팀** 허대우, 권송이, 윤이경, 임해랑, 김재경, 한유현
외부스태프 일러스트 홍수영(오케이티나)

펴낸곳 다산북스 **출판등록** 2005년 12월 23일 제313-2005-00277호
주소 경기도 파주시 회동길 357 3층
전화 02-6217-1726(마케팅) 02-704-1724(경영관리)
팩스 02-322-5717 **이메일** dasanbooks@dasanbooks.com
홈페이지 www.dasanbooks.com **블로그** blog.naver.com/dasan_books
종이 한솔피엔에스 **출력·인쇄** 갑우문화사
ISBN 979-11-306-1471-7 (13590)

- 책값은 뒤표지에 있습니다.
- 파본은 구입하신 서점에서 교환해드립니다.
- 이 책은 저작권법에 의하여 보호를 받는 저작물이므로 무단 전재와 복제를 금합니다.
- 이 도서의 국립중앙도서관 출판시도서목록(CIP)은 서지정보유통지원시스템 홈페이지(http://seoji.nl.go.kr)와 국가자료공동목록시스템(http://www.nl.go.kr/kolisnet)에서 이용하실 수 있습니다. (CIP제어번호 : CIP2017027341)

1 2 3 4 5

년 월 일   이름:

년   월   일   이름:

년 월 일 이름:

년   월   일   이름: